丝路经济与文化文库

“一带一路”倡议关注度与效果评价研究

胡健　胡留所　王命宇　著

中国经济出版社
CHINA ECONOMIC PUBLISHING HOUSE
·北　京·

图书在版编目（CIP）数据

"一带一路"倡议关注度与效果评价研究／胡健，胡留所，王命宇著．—北京：中国经济出版社，2023.6

ISBN 978-7-5136-7335-8

Ⅰ.①一… Ⅱ.①胡… ②胡… ③王… Ⅲ.①"一带一路"-国际合作-研究 Ⅳ.①F125

中国国家版本馆 CIP 数据核字（2023）第 096132 号

责任编辑　郭国玺
责任印制　马小宾
封面设计　任燕飞工作室

出版发行　中国经济出版社
印 刷 者　北京柏力行彩印有限公司
经 销 者　各地新华书店
开　　本　710mm×1000mm　1/16
印　　张　12.25
字　　数　178 千字
版　　次　2023 年 6 月第 1 版
印　　次　2023 年 6 月第 1 次
定　　价　98.00 元
广告经营许可证　京西工商广字第 8179 号

中国经济出版社 **网址** www.economyph.com **社址** 北京市东城区安定门外大街 58 号 **邮编** 100011
本版图书如存在印装质量问题，请与本社销售中心联系调换（联系电话：010-57512564）

本书为
中国（西安）丝绸之路研究院专项课题
“丝绸之路沿线省份对‘一带一路’倡议的关注度和执行度研究”
（2016SDZ03）直接研究成果

前　言

改革开放40余年的成功经验有力地证明，中国的发展离不开世界，世界的发展也离不开中国。经过多年的发展，中国已经在2020年成为世界上最大的出口国和第二大进口国，是世界分工系统中的重要组成部分，也是全球贸易网络中的关键节点。中国从国际市场引入资本、技术和经验，逐步实现了国内的产业升级和经济转型，不但能向国际市场提供大量物美价廉的商品，而且从“中国制造”走向“中国智造”，实现了多个领域的技术突破和资本积累，具备了从货物贸易向资本和技术贸易拓展的基础。

全球经济危机之后，全球经济复苏乏力，地缘政治的复杂化使得国际政治经济关系面临较多的不确定性。为应对日益复杂的国内外环境，习近平主席于2013年提出了“一带一路”倡议的伟大构想，得到了国内外的广泛关注和深度参与，“五通”建设取得了卓越的成就。作为新时期我国协调内外、统筹陆海、兼顾东西的重大战略部署，“一带一路”倡议的内涵随着时代发展而不断深化，不断突破地理空间的局限向全球范围辐射，从基础的货物贸易拓展至资本和技术合作，合作领域从单纯的旅游领域扩展至教育、科研、卫生等多个领域，从政策沟通进一步上升为构建国际治理新秩序。在“十四五”规划中，“一带一路”建设更是成为构建国内国际“双循环”新格局的载体和抓手，是中国基于制度和市场优势，对内建设高水平社会主义市场经济、对外实行高水平对外开放的平台和纽带。因此，立足当下的社会现实，分析“一带一路”倡议的关注度与政策效果评价，对协同“有为政府＋有效市场”力量、对内实现区域经济协调发展、对外改善政治经济文化环境、实现中华民族伟大复兴具有重大意义。

本书分为以下七个章节：

第一章主要研究“一带一路”倡议的内涵与外延。本章结合国内外形势分析了“一带一路”倡议提出的背景和共商、共建、共享的原则，分析了“一带一路”倡议的目的和意义，从地理、经济、文化和制度四个角度分析了“一带一路”倡议内涵的深化，又从丝路的历史传承和国际上的战略对接分析了“一带一路”倡议的新发展。

第二章主要研究“一带一路”倡议的建设历程。本章分三个阶段梳理了“一带一路”倡议的发展历程，从基础的“五通”建设平台打造到“双循环”新发展格局和战略枢纽，再到高水平的市场经济和高水平的对外开放纽带，分析“一带一路”倡议的建设历程和使命。

第三章主要对“一带一路”倡议进行政策分析。本章对“一带一路”倡议相关的双边政策、中央政策、地方政策进行了梳理和总结，通过构建 LDA 模型和 SNA 模型对政策的主题词聚类和社会网络进行分析。

第四章是“一带一路”倡议的关注度分析。本章从居民关注度、媒体关注度和学术关注度三个角度分析了“一带一路”倡议的公众关注度，并重点对使用百度搜索指数记录的“一带一路”倡议的居民关注度进行了分析和讨论。

第五章主要对“一带一路”倡议的政策效果进行评价。本章通过构建“反事实”估计模型，将“一带一路”倡议的非沿线省份作为参照，对沿线省份进行政策效果评估。

第六章主要对“一带一路”倡议的关注度与实施效果进行关联分析。将“一带一路”倡议引入经济增长模型，分析了“一带一路”倡议实施会促进要素的重新配置，从而获得不同的经济增长效果。

第七章为“一带一路”倡议的机遇、挑战与展望。

目　录

第一章
“一带一路”倡议的内涵与外延

2013年9月，习近平主席在出访哈萨克斯坦时提出了共建“丝绸之路经济带”（The Silk Road Economic Belt）的倡议，10月在出访印度尼西亚时提出“21世纪海上丝绸之路”（21th - Century Maritime Silk Road）的构想，由此将二者合并简称为“一带一路”倡议（The Belt and Road Initiatives）。“一带一路”倡议有着悠久的历史传承，符合沿线国家和地区的利益与情感诉求，得到了国际社会的高度关注和积极响应。

为了落实“一带一路”倡议的宏伟愿景，中国政府成立了推进“一带一路”建设工作领导小组，统筹国内外工作，系统化地构建“一带一路”倡议的顶层设计，并专门在国家发展改革委成立专项领导小组办公室。2015年3月，中国发布《推动共建丝绸之路经济带和21世纪海上丝绸之路的愿景与行动》，明确提出要在复杂多变的时代背景下，坚持和平共处五项原则和“开放合作、和谐包容、市场运作、互利共赢”四项原则，以“政策沟通、设施联通、贸易畅通、资金融通、民心相通”“五通”为主要内容，与沿线国家有重点地展开合作，加强双边合作，强化多边合作机制，以内部做大做强驱动对外合作，发挥国内各地区的比较优势，加强东中西部的合作，全面提升开放型经济水平。以“一带一路”倡议为契机，建设开放包容的国际新秩序。2017年5月，首届“一带一路”国际合作高峰论坛在北京成功召开。中国还先后举办了博鳌亚洲论坛年会、上海合作组织青岛峰会、中非合作论坛北京峰会、中国国际进口博览会等具有国际影响力的会议，签署了多项合作协议，为“一带一路”倡议在沿线国家的落地实施提供了政策保障。

近10年来，在中国政府的引领下，越来越多的国家和组织参与到“一带一路”建设中来，“五通”建设取得了卓越的成就，创造了更多的开放、包容、平等的发展机会。“一带一路”倡议受到了越来越多的国内外关注，影响力也日益扩大。作为新时期我国协调内外、统筹陆海、兼顾东西的重大战略部署，“一带一路”倡议经历了三个阶段：第一阶段是着力于“五通”建设，为沿线国家和地区创造平等的交流平台；第二阶段是以“一带一路”为纽带，建设“双循环”体系；第三阶段是依托国内制度和市场优势，对内建设高水平市场经济，对外实现高水平对外开放。因此，立足当下的社会现实，分析“一带一路”倡议的关注与政策效果评价，对构建统一要素市场、实现区域经济协调发展、改善外部环境、实现中华民族伟大复兴具有重大意义。

第一节　“一带一路”倡议的发起背景

进入21世纪，和平、发展、合作、共赢成为时代主题。但全球经济危机之后，全球经济复苏乏力，地缘政治的复杂化使得国际政治经济关系面临较多的不确定性。40多年的改革开放使我们认识到，中国已经是国际分工体系中的重要组成部分，是全球贸易网络的关键节点。世界离不开中国，中国也离不开世界，现在和未来的发展仍然需要和平稳定的国际环境，国家与国家之间也要进行平等互利的贸易和交流。虽然“一带一路”倡议由中国提出，但它符合广大沿线国家和地区的共同利益，因而也属于全世界；虽然“一带一路”倡议根植于历史，但也迎面痛击“逆全球化”的浪潮；沿线国家之间的贸易和交流虽然以“一带一路”倡议为起点，但又不拘泥于地理分布。通过团结国内外的和平力量，共同打造一个开放包容、均衡互惠的多民族、多主体、多区域的社会经济网络，为坚定和平发展的主题贡献坚实和充沛的能量。

一、“一带一路”倡议的国际背景

受科技进步和社会经济发展的驱动，地缘政治格局发生了新变化，传统的地理空间关系和地域关系对发展的约束进一步降低，欧盟和中国等世界和平新兴力量的崛起挑战了过去“一超多强”的世界政治格局。为了维护国家的经济利益，在经济全球化的背景下，国际贸易尤其是传统发达国家与向传统政治格局发起挑战的崛起国之间的贸易冲突更加严峻。旧的国际秩序在协同广大发展中国家与发达国家政治平等、贸易互惠、能源保障、环境共担方面较为乏力，迫切地需要一个新的秩序来转变危局。

（一）国际政治格局发生变迁

2008 年，美国爆发经济危机，广泛地波及西方诸国，导致西方发达国家的发展速度进一步降低。与此同时，非西方发展中国家的增长提速，政治地位得到了进一步的提高。金砖国家（BRICS）由特指“世界新兴市场”的概念演变成一种国际合作机制，巴西（Brazil）、俄罗斯（Russia）、印度（India）、中国（China）和南非（South Africa）5 国之间的合作进一步加强。美国经济危机后，二十国集团财长会议升格为二十国集团首脑会议，发展中国家和新兴市场国家引起了发达国家的高度重视，双方之间的政治地位差距也进一步缩小。传统的以西方发达国家为主的政治格局正在发生变化。

欧盟的崛起使得西方发达国家阵营进一步分化。欧洲统一的思想由来已久，1646 年波希米亚国王就提出，欧洲的基督教国家应该成立联盟，以此来对抗奥斯曼帝国的扩张。19 世纪初拿破仑和 20 世纪中期荷兰、比利时、卢森堡 3 国先后组成关税联盟，对欧洲一体化产生了积极的影响；第二次世界大战以后，英国首相丘吉尔于 1946 年 9 月提议建立“欧洲合众国”，但直到 1950 年 5 月，时任法国外交部长罗伯特·舒曼提出的《欧洲煤钢共同体条约》才得到真正的落实。经过长期的不懈努力，欧共体首脑会议在 1991 年 12 月 11 日通过了建立欧洲经济货币联盟和欧洲政治联盟的《欧洲联盟条约》（简称《条约》），《条约》的生效标志着欧洲共同体从经济实体过渡为政治实体。

20 世纪，欧盟在关税协定、政治磋商等领域产生了积极的作用，但并没有对世界政治格局产生实质性的冲击。1999 年 1 月 1 日，欧盟正式启动欧元，致力于将欧元打造成为欧元区唯一法定货币。至此，以欧元为代表的欧盟展示出其强大的影响力。欧元是自罗马帝国以来欧洲经济货币改革的最大成果，它把四分五裂的欧洲变成了统一的市场，极大地促进了欧元国家之间的贸易自由化。作为欧元区的法定货币，欧元被摩纳哥、圣马力诺、梵蒂冈等欧洲的很多非欧盟国家逐渐纳入本国货币体系，作为重要的支付工具。2008 年经济危机之后，欧元区已经扩展至 19 个成员国，覆盖 3.4 亿人，在整个国际支付中占 36% 的份额，成为继美元之后的全球第二大流通货币和第二大储备货币。茁壮成长的欧元是对美元国际地位的挑战，也极大地冲击了美元信用体系，使得欧盟和美国之间的关系进一步恶化。

因此，“一带一路”倡议面临着错综复杂的国际政治格局，发展中国家强势崛起，向传统的西方阵营发起挑战，西方发达国家阵营内部也出现了分化，传统的“一超多强”的政治格局正面临着新的挑战。

（二）国际贸易摩擦加剧

世界经济格局的变化是世界政治格局变化的基础，在世界经济一体化的背景下，随着世界经济重心的转移和传统产业与新兴科技产业的轮动，贸易摩擦相比以往更加激烈。20 世纪下半叶，发展中国家的经济发展速度整体上高于发达国家，经济增长速度推动着经济体量和综合国力的变化。如今，非西方发达国家的经济总量已经达到全球的 40% 左右，对全球经济的贡献也达到了 80% 。发展中国家在崛起过程中必然会与发达国家产生利益冲突，会以更为激烈的方式对高素质的人口、大体量的资本和更先进的技术等优质生产要素进行角逐。

自工业革命以来，世界经济的重心就一直在大西洋沿岸，北美和西欧是世界经济的两大经济体。日本崛起也并未拉动世界经济的发展，只是世界经济版图中东北亚的一个孤立亮点。但随着中国、韩国以及东盟等发展中国家的群体性崛起，世界经济的重心开始向东方发生偏移，许多亚洲国家的生产力和生产关系得到了解放。亚洲国家凭借更广阔的市场、更便宜和更充足的劳动力以及更丰富的自然资源，正在走向崛起之路。而教育的普及以及技术的进步又加速了亚洲经济的振兴。从发展态势看，太平洋地区展示出比大西洋沿岸更大的发展潜力。

为了保护本国企业的利益和本国居民的就业，维持其发达国家的地位，通过现有的货币体系和贸易体系获取经济价值，以美国为代表的西方发达国家，不断通过反倾销、反补贴以及知识产权保护等手段，对发展中国家进行打压。1980 年 7 月至 2010 年，美国对中国的出口产品实施了近 100 项反倾销措施，涉及纺织、家电、化工、家具、五金以及农副产品等制造业，涉及金额也越来越高，是中美贸易摩擦的重要体现。2006—2007 年，美国商务部对我国的平张涂布纸以及钢铁、木材和信息行业发起了反倾销和反补贴调查。而中美双方的技术性贸易壁垒则更加繁多，美国设有 5 万多项技术标准和政府采购细则，4 万多项私营标准机构、专业学会等指定标准。中国绝大部分出口产品会遭受美国的限制和约束，在技术贸易和知识产权等领域的摩擦更是不断升级。

近年来，中美贸易摩擦不断，但形式更加合法化和隐蔽化，从经济贸易领域渗透到社会的方方面面。自 2004 年 3 月 18 日起，美国对中国半导体恶意加征歧视性关税，世界贸易组织各成员方纷纷对中国进行反倾销和反补贴制裁，并且通过立法将贸易制裁合法化。此外，美国还将人权等当作借口在贸易谈判中向中国施压，将国际劳工标准与国际贸易挂钩，以此来指责中国和其他发展中国家在参与国际贸易中严重违反了国际劳工标准，因此，于 2004 年 5 月强势推广 SA8000 认证，对中国的劳动用工进行干涉和指责，以此来打压中国的贸易优势。

中美贸易摩擦的直接原因是双方之间贸易发展不平衡，美国对华贸易逆差严重，并且随着经济发展，贸易逆差越来越严重。中国在上一轮的产业转移中承接了来自发达国家的高污染、劳动密集型产业，通过数量累积来赚取比例较低的加工费用。但随着经济发展和综合国力的提高，贸易摩擦已经不仅仅是经济贸易领域的角逐，而带有越来越浓厚的政治色彩和意识形态冲突。在与发达国家角逐的过程中，中国企业的行业自律性较弱，法律维权意识较为淡薄，遭受了较大的经济损失。

（三）国际安全冲突不断

在和平与发展的时代主题下，国际冲突不断，给我国改革开放的深入推广带来了诸多消极影响。随着新兴市场和发展中国家经济实力的提升以及发达国家的经济增速放缓，世界战略力量的对比更趋均衡。为了维护既得利益，强权政治、霸权主义和单边主义时有抬头，通过操纵地区冲突和局部战争的方式，实现各区域的战略制衡。

全球和区域性安全问题持续发酵，2012 年，菲律宾、越南在东盟区域会议上强推南海争议话题，搅动南海周边的安全局势，当时的日本东京都知事石原慎太郎提出的非法“购买钓鱼岛”计划，引发中日关系危机。2011 年 3 月，叙利亚爆发内战，搅动了整个西亚和北非地区的政治局势。2013 年 6 月 5 日，斯诺登开始陆续公布由美国国家安全局自 2007 年起开始实施的绝密电子监听计划，信息监听的范围包括世界各国的国家领导人、科研机构、大学企业和政府机构，信息安全危及全世界。

随着世界经济和战略重心向亚太地区转移，亚太地区成为大国博弈的焦点，区域安全也增加了诸多的不确定性。为此，美国政府相继推出了“亚太再平衡战略”“印太战略”，强化亚太军事同盟，加大军事部署以及干预力度。美国在韩国部署萨德反导系统，支持中国台湾地区民进党的“台独”势力，扶植“港独”和“藏独”势力，严重威胁着中国的陆地和海洋领土安全，企图遏制中国的和平崛起。

二、“一带一路”倡议的国内背景

2008 年经济危机之后，世界经济环境更趋复杂，我国在持续的经济高速增长之后，逐渐步入新常态。而国内的东中西部差距日益加大，东部沿海地区一直是改革开放的前沿，1999—2012 年，中国的前七大贸易伙伴为欧盟国家、美国、日本、东盟国家、中国香港、中国台湾和韩国。经济危机后，发达国家的市场逐渐萎靡，美国“重返亚太战略”给中国的经济发展带来了空前的压力，要改变对美、欧、日、韩以及东盟市场的被动依赖局面，需要将改革开放扩大至中西部地区，面向中亚、西亚乃至欧洲地区、非洲地区，进行经济技术和金融合作，打造全方位的改革开放新格局。在这一思路下，要重新认识经济新常态背后的增长速度和增长质量问题，重新审视经济结构和区域布局继续优化的问题以及要素驱动和投资驱动的增长方式的可持续性问题。

（一）经济增长步入新常态

2012 年，我国经历了近 20 年的高速增长之后，经济的增长速度首次低于 10%，中国经济开始出现明显的换挡升级。这一特征符合社会经济发展的客观规律，从国际经验来看，90% 以上的国家经过高速增长之后会减速，这与发达国家的历史阶段相似，也与亚洲发达地区的成长经历相似。认清经济新常态的具体特征，发掘经济新常态面临的问题，科学合理地制订具有中国特色的解决方案，是我们面临新常态的必然选择。

经济发展的新常态具有三个一般特征。

1. 经济增长速度换挡

中国将从持续的高速增长逐渐转换为中高速的增长，要顺应经济发展的一般规律，从关注经济增长的速度转移到关注经济增长的质量上。伴随经济增长放缓的是“中等收入陷阱”，在经济高速增长时期居民收入达到中等水平，但难以向上持续突破，长期停留在中等收入水平这一阶段。根据世界银行 2008 年的划分标准，我国进入中等偏上收入国家行列，应审慎对待这一特殊现象，寻找破局之道。2014 年以前，拉美国家平均滞留在“中等收入陷阱”40 年，其中，哥伦比亚摆脱陷阱的时间最短，为 35 年，而阿根廷在“中等收入陷阱”中滞留 52 年。“中等收入陷阱”的主要原因就是低端产业的不可持续性，在发展前期引进大量的低端制造业，虽然在一定程度上解决了大量就业问题，获得了经济总量的增长，但经过一段时间，低端产业的弊端就凸显出来，较低的附加值使得工人的工资和福利难以得到保障，消耗的大量能源资源以及对生态环境的污染和破坏不利于可持续发展。因此，在经济无法持续实现量的增长时，要更多地关注经济质量的提高。

2. 经济增长驱动转变

改革开放以来，我国基于广阔的市场、丰富的资源和便宜的劳动力承接了大量发达国家的低附加值制造业，极大地促进了我国经济的发展。随着经济全球化登上高峰以及国内劳动力峰值的到来，我国经济在1992—2012年出现了高速增长奇迹。但是，2008年美国经济危机以后，各国为了恢复和发展经济，将促进就业、重振制造业当作本国加快转变经济发展方式的重要手段，各国与我国之间的贸易摩擦不断，严重挤压了我国在国际上的市场空间。与此同时，国内的劳动力价格持续上涨，在生育率下降、受教育程度提高的共同作用下，流向制造业的劳动力持续减少，人口红利期结束后，制造业的神话难以续写。经济增长驱动机制发生转变的根本原因在于，生产力和生产关系得到解放以后，生产要素的市场化、资源价格和人力成本都得到了提升，粗放型的经济增长难以实现可持续发展。

3. 经济结构变化

在中国经济发展动力机制变化的同时，经济结构也在发生变化，主要表现在以下几点：第一，投资对经济的拉动作用逐渐降低，需求提振成为重要因素。第二，经过几十年的发展，工业的占比也开始达到峰值，第三产业亟须发展。第三，简单的低端制造要升级转型，只有高端产品、技术资本才能“走出去”。而我国正处于以上三个问题的调整阵痛期。2012年年底，我国钢铁、水泥、电解铝、船舶、平板玻璃五大行业的平均利用率仅为73%，显著低于国际平均水平。2008年经济危机之后，国外也在积极振兴制造业，吸纳就业。为了刺激经济，中国政府投资的40000亿元有50%左右投资在了铁路、公路、机场和电网建设中，大量的基础建设带来了钢铁、水泥等建筑材料的强劲需求。虽然基础设施建设有利于增加就业，对经济增长具有重要的带动作用，但基础设施具有较长的生命周期，大规模的新基建不可能长期持续进行。因而，依靠投资兴建基础设施促进经济发展的措施，也不具有可持续性。与此同时，为匹配基础设施建设所维持的产能开始大量过剩，加上出口受挫的消费品出现严重的供给过剩，这些产品同时转向国内消费市场，会导致国内市场难以顺利消化，难以实现供求平衡。

（二）区域经济差距进一步拉大

我国存在明显的区域差异，具体表现为城乡差距、东中西部差距和南北差距三个方面。我国曾采取多项措施来弥补区域经济差距，但最终效果较为有限，并未从根本上改变我国区域经济发展不平衡的局面。其原因在于国内的产品市场和要素市场的分割比较严重，土地、资源等生产资料并未进行市场化，难以充分地进行自由流通。

新中国成立以后，我国实行了计划经济体制，核心之一便是城乡户籍制度，将居民分为农业户口和非农业户口两种户籍，并对两者执行不同的政策制度，如劳动用工制度、社会保障制度，使得非农户籍人口拥有了各种特权和福利，逐渐形成了不对等的二元社会经济结构。改革开放以来，中国政府实施了一系列促进农村经济的措施，但家庭联产承包责任制虽然解决了农民的温饱问题和贫困问题，但不利于现代化、规模化的农业生产，对乡镇企业的支持也由于环境等问题转为限制发展。与此同时，城市工业化的快速发展进一步拉大了城乡差距，不断激化城乡二元结构矛盾。在居民收入不对等、社会福利不对等、投入机制不对等的格局下，城乡差距逐渐扩大，这些因素成为不同区域发展水平差异的主要构成因素。

改革开放以来，我国实施东部沿海地区率先发展的非均衡区域发展战略，实行先富带动后富，最终实现共同富裕。这一发展战略在很大程度上激发了东部沿海地区的经济发展活力和动力，给整个国民经济的增长带来了强劲的动力。与此同时，还带来了产业结构失衡和区域失衡问题。虽然我国政府先后实施了西部大开发、中部崛起、东北振兴等一系列促进区域经济均衡发展的措施，取得了一系列丰硕的成果，但未能从根本上缩小区域经济差距。此外，由于东部沿海地区在利用发展外贸型经济方面具有先发优势，可以将积累起来的技术和资本进行现代化运营，以上市公司、投资公司等形式吸纳全国的劳动力要素和技术资本，利用国内市场和国际市场为本地区谋求利益，使得区域间的差异进一步分化。这种运用全域资源为本区域积累效益的现象也广泛地存在于各个省的省会城市与其他城市之间。

区域经济的不平衡发展还存在于南北方之间。根据《中华人民共和国年鉴》中的标准，将秦岭淮河一线划为我国地理上的南北分界线，南方经济发展明显优于北方。1978—2000 年，我国南北经济发展的差距呈缩小趋势；2000—2008 年，南北经济发展的差距从 1.39 倍缩减至 1.32 倍；2009—2012 年，南北方经济的比重相对稳定地保持在 1.32 倍上下。但在 2013 年后，这一差距扩大出现明显加速。因此，从名义 GDP 来看，我国南北经济差距的形成时间为 2008—2013 年。而南北经济差距的存在又给城乡经济差距和东中西部经济差距增加了更高的复杂度。

（三）能源环境问题较为突出

我国于 2012 年成为世界第一大能源生产国，能够满足我国 90% 左右的能源消费需求，基本实现能源的自给自足。但是，由于人口众多、资源禀赋和发展特点不同，我国依然面临着较为突出的资源约束矛盾，体现在以下几个方面。

1. 能源产量和人口数量“双高”状况下，人均能源拥有量较低

虽然我国煤炭、石油、天然气的产量逐年提高，但在人口增长的趋势下，人均拥有量分别仅为世界平均水平的 67%、5.4%、7.5%。经济发展进一步激发了能源消费量，但在过去这一阶段主要是由于工业交通等耗能所导致的能源消费增加。可以预见的是，随着人民生活水平的提高，汽车等电气化产品数量的增加会使居民消费端的能源消耗迅速增加，从而使资源约束不断加剧。

2. 我国的能源禀赋基本情况为多煤、少油和贫气

煤炭和石油作为传统的化石能源，会产生较高的二氧化碳排放量，传统化石能源尤其是煤炭，在开发和利用过程中会造成严重的环境污染，迫切需要更加清洁高效的方式进行加工和利用。资源禀赋制约着我国能源消费结构的优化，使我国成为并将长期处于一个以化石能源消费为主、清洁能源消费为辅的国家，难以对新能源和可再生能源进行大规模的开发利用和推广。2011 年，全国水电装机容量达到 2.3 亿千瓦，风电并网装机容量达到 4700 万千瓦，光伏装机容量达到 300 万千瓦，太阳能热水器集热面积超过 2 亿平方

米，但是面对庞大的经济体量，非化石能源的占比依然过低，仅为8%。

3. 我国能源分布不均，与能源消耗地区存在显著的资源错配

我国的能源主要分布在经济不发达的偏远地区，如煤炭集中地分布在经济还不够发达的山西、陕西、内蒙古、新疆、贵州、宁夏6省（区），呈现西多东少、北富南贫的格局。而石油又集中地分布在渤海湾盆地、塔里木盆地、松辽盆地、鄂尔多斯盆地、珠江口盆地、准噶尔盆地、柴达木盆地和东海大陆架盆地八大盆地，地理分布也比较分散。天然气主要分布在塔里木盆地、鄂尔多斯盆地、四川盆地、重庆盆地、准噶尔盆地，其中，塔里木盆地和四川盆地的资源占总天然气资源的40%以上。在非化石能源方面，风能主要分布在东南的福建、浙江等沿海地区，西北的内蒙古、甘肃地区以及东北的黑龙江、吉林和辽东半岛的沿海地区。风能多分布于交通不便、地处偏僻的农牧渔区，电网难以普及。水能集中分布在长江、珠江、松花江水域的阶梯交界处，主要为我国交通不便、经济落后的西南地区。而经济发达能耗较高的地区多为东部沿海以及省会城市，能源供求错配严重，实现供求平衡需要庞大的运输体系。

随着经济发展和人民生活水平的提高，我国的能耗尤其是石油和天然气以及电力的能耗迅速增长。基于我国的资源禀赋，在石油和天然气方面我国无法实现自给自足，需要大量地依赖进口，形成了较高的能源对外依存度。石油的对外依存度由21世纪初的32%提高到2012年的57%，而石油在海上运输的安全风险加大，跨境的油气管道安全运行风险突出，能源安全的形势十分严峻。

化石能源尤其是煤炭的大规模开发和利用以及其他矿产资源的开发和利用，对生态环境造成了严重的负面影响。大量的耕地、林地和草原被占用和破坏，同时造成了大量的水资源污染，向空气中排放的二氧化碳、二氧化硫、氮氧化物等有害气体，严重污染了空气质量。面对日益严峻的全球气候压力，我国的二氧化碳排放和雾霾等环境污染受到来自周边地区和国际社会的批评，对我国的国际形象造成了不良影响，也潜在地影响了我国的经济发展。

第二节 “一带一路”倡议的目的和意义

基于国内外的复杂背景，中国政府提出了“一带一路”倡议，在坚持共商、共建和共享的原则下，共同推动全球治理体系变革，构建人类社会的命运共同体。

一、通过共商将中国倡议达成全球共识

“一带一路”倡议由中国发起并推广至全球范围内，在此基础上，广泛地与合作伙伴进行磋商，形成共识。中国政府主张，“一带一路”参与国家进行平等、自愿的沟通，将区域文化经济的相通点当作合作的基点，由此开展广泛的合作。

（一）打造共商国际化平台与载体

“一带一路”国际合作高峰论坛已经在北京成功举办两届，几十个国家和地区的元首、政府首脑以及上万名代表参加了论坛，取得了丰硕的成果。“一带一路”国际合作高峰论坛已经成为各参与国家和国际组织深化交往、增进互信、密切往来的重要平台。此外，中国还相继举办了中国国际进口博览会、丝绸之路博览会暨中国东西部合作与投资贸易洽谈会等大型国际会议，地方政府和企业积极参与，“一带一路”沿线国家和地区也在相互交流的过程中取得了丰硕的合作成果，“一带一路”倡议获得了广泛的社会关注。

（二）强化多边机制在共商中的作用

“一带一路”倡议基于共商、共建和共享原则所探索出来的合作模式，是典型的多边机制。通过二十国集团、亚太经合组织、上海合作组织等对话平台，中国与“一带一路”沿线国家和地区签署了多项双边协议、合作备忘录等合作规划，促进了多边协商合作机制的形成，对建设“一带一路”倡议、促进沿线国家经济增长、构建国际经济治理新秩序具有重要的推动作用。

（三）建立“二轨对话”机制

“一带一路”倡议不仅有政府间的合作，还有广泛的民间交流，官方和非官方的交流相互补充，形成了富有特色的“二轨对话”机制。在贸易畅通和民心相通方面，中国与沿线国家和地区就贸易、旅游、科研等进行了形式多样、内容丰富、数量众多的合作交流。非官方的对话是官方对话的发展和延伸，是中国与世界进行沟通交流的主要方式。相较正式的官方对话，民间对话更加灵活和广泛，在不同细分领域也更容易深入下去，对提高“一带一路”的国际影响力、促进“一带一路”的共建实施具有重要意义。

二、共同建设和谐家园

共建就是中国与“一带一路”沿线国家和地区都可以平等地参与、建设相关项目，共同承担建设中的责任与风险。

（一）打造共建合作的融资平台

2016 年，中国发起成立的亚洲基础设施投资银行（Asian Infrastructure Investment Bank，AIIB，以下简称“亚投行”）是一家政府间多边开发机构，其使命是以可持续性为核心，为面向未来的基础设施提供融资。自 2016 年 1 月在北京开始运营，到 2022 年 5 月，亚投行的成员已经扩大到 105 个，可支配的资本也达到了 1000 亿美元。自 2017 年以来，亚投行已经获得了顶级信用评级机构——标准普尔、穆迪和惠誉的 AAA 评级，评级前景稳定。亚投行得到了业界的认可，并通过发行全球债券等方式，进一步提高了自身的实力，扩大了在国际资本市场的影响力。亚投行通过定向释放新的资本，投资绿色技术和促进区域连接等方面的基础设施，对推进“一带一路”倡议起到了积极作用。

为更好地服务于“一带一路”倡议框架内的贸易合作和多边互联互通，由外汇储备、中国投资有限公司、国家开发银行、中国进出口银行共同出资 400 亿美元和 1000 亿元成立了丝路基金，按照市场化、国际化和专业化的方式进行运作。

（二）积极开展第三方市场合作

第三方市场合作是指中国企业与相关国家和地区在第三方市场上开展的合作，符合中国与“一带一路”沿线国家和地区的共同利益，也得到了广泛的国际支持。自 2015 年 6 月中国与法国第一次发表《中法政府关于第三方市场合作的联合声明》以来，经过近 10 年的发展，中国已经与 10 多个国家签署了合作协议，促进中国企业与“一带一路”沿线国家和地区企业的优势互补，实现了“1 +1 +1 >3”的效果。

三、让“一带一路”沿线国家共享发展成果

共享就是反对传统的单边霸权主义，打破零和博弈的合作模式，树立互惠互利的发展理念，寻找合作国家之间的利益契合点和合作的公约数，共享发展成果。

（一）将发展成果惠及“一带一路”沿线国家

世界经济增长的动力有 1/3 来自中国，2021 年，中国货物贸易进出口总值达到 39. 1 万亿元，创下历史新高。在新冠疫情和贸易摩擦的背景下，中国的出口增长势头仍然保持强劲，给“一带一路”沿线国家和地区相继提供了口罩、药品、疫苗等防疫物资，促进了“一带一路”沿线国家的经济增长，保障了“一带一路”沿线国家和地区的社会安定。中国企业还持续走出国门，帮助“一带一路”沿线国家和地区进行铁路、港口等基础设施建设，在中亚和非洲等地进行制造业帮扶，大大提高了“一带一路”沿线国家和地区的发展水平。2021 年，中国对外直接投资 9366. 9 亿美元，同比增长 2. 2%，对沿线国家的直接投资更是保持增长趋势。

在发展成果共享方面，中国对“一带一路”沿线国家的投资增长速度较快。2021 年，我国对“一带一路”国家非金融类直接投资达到了 203 亿美元，同比增长 14. 1%，对促进沿线国家和地区的经济增长和社会发展起到重要的推动作用。此外，我国在交通运输等基础设施建设领域开展了大量的对外承包项目，2021 年新签合同额上亿美元的项目已经达到了 560 个，比 2020 年增

加了46个，进一步促进了“一带一路”沿线国家和地区的设施互通。截至2021年年底，我国已经在46个“一带一路”沿线国家和地区建设了境外经贸合作区，累计投资达到507亿美元，向“一带一路”沿线的东道主国家上缴税费66亿美元，创造就业岗位达到39.2万个，有力地促进了成果共享。

（二）改善“一带一路”沿线国家民生

中国大力构建“一带一路”倡议政策支持体系，将就业、交通、数字化、教育、旅游等领域作为重要的民生改善方向。

1. 就业方面

中国企业“走出去”，在境外经贸合作区进行生产制造，雇用当地劳动力，对提高当地就业率和收入水平具有重要作用。

2. 交通设施改善方面

“一带一路”倡议的交通设施改善是陆、海、天、网“四位一体”齐头并进、全方位的交通设施建设，把“一带一路”沿线国家和地区组成了一个紧密联系的整体。

3. 数字化水平方面

中国在“一带一路”沿线国家的通信等技术设施方面进行了大量的投入，对提高发展中国家的数字化水平、缩小与发达国家的数字鸿沟具有重要意义。

4. 教育方面

中国为“一带一路”沿线国家和地区提供了大量的留学名额和资金支持，还专门设立了中国政府奖学金丝绸之路项目，对教育研究的互助往来具有重要意义。

5. 旅游方面

中国与多个“一带一路”沿线国家和地区签订了护照互免协定，中国丰富的旅游资源成了“一带一路”沿线国家的追捧对象，更多的中国人通过“一带一路”走出了国门。

（三）促进科技创新成果向“一带一路”沿线国家转移

2017年中国提出共建“一带一路”科技创新行动计划，截至2021年年底，中国与84个国家在农业、新能源、健康等领域建立了53家联合实验室，为丝路建设增加了活力。基于科技创新平台，中国与“一带一路”沿线国家和地区的科研工作者形成了多层次、多领域的交流机制，形成了技术交流和成果共享的平台，对中国北斗导航系统、高速铁路、新能源等技术走出国门，促进沿线国家和地区的社会经济发展起到了重要的推动作用。

（四）推动绿色发展

继2013年“一带一路”倡议提出以来，习近平主席又于2017年提出了“绿色丝绸之路”的概念，将习近平生态文明思想融入“一带一路”倡议，取得了丰硕成果。2022年3月，国家发展改革委等四部门联合印发《关于推进共建“一带一路”绿色发展的意见》，形成了绿色丝绸之路建设的顶层设计，对落实绿色发展理念、实施生态文明建设、应对全球气候变化、维护生态安全、共建高质量“一带一路”和人与自然生命共同体具有重要意义。该意见围绕重点领域工作、境外项目和支撑保障体系三个大板块和15项具体任务展开，全面覆盖绿色基建、绿色能源、绿色交通、绿色金融等领域，将绿色丝绸之路发展推向更高层次。

四、构建人类命运共同体

“一带一路”倡议符合沿线国家和地区人民的共同利益，既是人类文明在和平与发展时代主题下的坚守和进步，也是中国和世界的共同责任和使命。

（一）源自中国，更属于世界

丝绸之路有着悠久的历史，是中国与广大中亚和欧洲国家的交流通道。中国是“一带一路”的东方起点，和沿线的众多国家共同组成了区域广阔、历史悠久、内涵丰富的古代丝绸之路。因此，“一带一路”倡议虽然由中国提出，但却是沿线国家的共同意愿，机会和成果属于世界。

跨越千年历史，中国重提“一带一路”倡议是为了打造一个开放包容的国际平台，一个共商、共建、共享的合作平台，有利于全球治理体系更加具有公平性、开放性和包容性。在中国和沿线国家的努力下，“一带一路”倡议基于“五通”建设，将沿线国家和地区紧密地联系起来，促进了贸易和人员的交流，减少了国家间的沟通障碍，促进了世界范围内的和平和繁荣。

（二）为全球治理体系变革提供了中国方案

中国经济是全球经济增长的最大驱动力，中国40余年改革开放的成功经验和丰硕成果为解决人类问题贡献了中国智慧，对广大发展中国家具有重要的示范效用，对全球的可持续增长也具有重要的推动作用。

共同建设“一带一路”是由中国提出的超越社会制度和文化差异的全球性倡议，致力于构建人类命运共同体，以共商、共建、共享为原则，使得参与各国以公平、平等的身份参与国际事务，避免了全球治理向单边倾斜，保障了各个国家的平等权益。

（三）把“一带一路”沿线国家的前途和命运紧紧联系在一起

国际贸易将全球各国连接为一个利益交错的复杂网络，现代交通和通信的发展也让全球各国的距离更近了一步，各国已然成为紧密联系的利益共同体。当前，全球又面临着新冠疫情、气候变暖等共同问题，在贸易摩擦和地缘政治动荡的背景下，中国及时提出了“人类命运共同体”的概念，避免了逆全球化的风险、大分裂格局和剧烈动荡的国际经济格局，通过共商、共建、共享的原则，使各国可以平等地表达自己的意见，求同存异，共同参与建设一个符合“一带一路”沿线国家和地区共同利益的命运共同体，共享未来发展的成果。

第三节 “一带一路”倡议的内涵

随着时代的发展，“一带一路”倡议的内涵也在发生着深刻的变化，已经从古代以丝绸、瓷器和茶叶等货物贸易为主的通道演变成如今的贸易往来、文化交流、政治磋商等多位一体的新型区域合作平台，因此，这里有必要对“一带一路”倡议的内涵进行重新梳理和总结。

一、“一带一路”倡议的地理内涵

“一带一路”倡议的地理内涵是指“一带一路”沿线经过以及辐射到的国家和地区，可分为国内沿线区域和国外沿线国家与地区两个部分。其中，“一带”是指“丝绸之路经济带”，包括新疆、重庆、陕西、甘肃、宁夏、青海、内蒙古、黑龙江、吉林、辽宁、广西、云南、西藏13个省（市、区），是中国内陆沿线省份直接面向中亚、南亚和西亚的重要通道和商贸物流枢纽，也是重要的产业和文化交流平台。“一路”是指“21世纪海上丝绸之路”，包括上海、福建、广东、浙江和海南5省（市），基于长三角、珠三角和海峡西岸等地区，联合港澳台地区，以蓝色贸易为主，面向东南亚、西亚和非洲等国家和地区。辐射地区是“一带一路”沿线的国家和地区的扩展，覆盖面比沿线国家和地区更加广阔。

随着时代的发展，“一带一路”的覆盖区域已经超出了原有的范畴，成为一个开放的共商、共建、共享合作平台，已经不再受地理空间上的限制。世界上任何国家和地区都可以在这一平台上进行贸易、文化交流，发挥其主动性和创造力。因此，“一带一路”倡议的现代地理内涵更加丰富，从“一带一路”沿线国家和地区到辐射地区，再到建立一个超越地理空间局限的合作平台，打破了以往区域贸易、政治协作组织的空间局限性，在地域上提供了更多的开放性和可能性。

二、“一带一路”倡议的经济内涵

“一带一路”倡议致力于打造贸易畅通、资金融通的合作平台，已经不再局限于进行基本的货物贸易，而是在资本流动、技术贸易和贸易规则上都有了长足的发展。

（一）货物贸易是最基础、历史最悠久的形式

从古代的丝绸、瓷器、茶叶到“一带一路”倡议提出前期的手机、电脑等数码产品，再到如今更加高端的装备制造业产品，“一带一路”沿线的货物

贸易内容从产品的数量到类型、从技术含量到附加值都有了质的飞跃。

（二）搭建中国资本、技术“走出去”服务世界的平台

经过改革开放40多年的高速发展，中国的基建能力和装备制造能力有了长足的进步，在高速铁路、公路、桥梁、港口等方面有着成熟系统的建设和运营经验，通过“一带一路”平台可以更好地搭建起中国资本、技术“走出去”服务全球、实现价值的平台。

（三）人民币的国际化

为了保障“一带一路”沿线国家和地区基础设施建设和贸易往来的资金需要，中国牵头成立了亚投行和丝路基金等金融平台。在“一带一路”建设过程中，中国的实力得以彰显，人民币作为建设和贸易中的结算货币，其国际地位也得以提升。根据环球银行金融电信协会（SWIFT）的数据，2021年12月，人民币在国际支付中的份额已经升至全球第4名，“一带一路”建设大大促进了人民币的国际化进程。

（四）有利于区域经济的协调发展

“一带一路”倡议的提出为陕西、青海、新疆等中西部地区提供了面向开放最前沿的机会，有利于中西部地区结合区情将东部沿海改革开放的成功经验加以创造性利用，构建起经济增长和社会发展的良性循环，从而缩小中西部地区和东部沿海地区的区域差距。

三、“一带一路”倡议的文化内涵

“一带一路”不仅是贸易的通道，也是文化交流的平台。“一带一路”倡议沿线国家和地区民族众多、文化多样，是文明交流、碰撞、传承的重要平台。古代丝绸之路就留下了众多的宗教、艺术遗迹，成为中国与“一带一路”沿线国家和地区友好往来的见证。“一带一路”在当代又有了新的文化内涵，沿线国家和地区的民心相通广泛地延伸到了旅游、教育、文学艺术、科技合作、环境保护等众多领域，是在和平与发展的时代主题中更具开放性和包容

性的交流方案，也因此具备了更加丰富和多样的文化内涵。

四、“一带一路”倡议的制度内涵

不同于以往的区域性合作组织，“一带一路”倡议秉持共商、共建、共享原则，反对单边霸权主义，致力于构建一个平等、公平、和谐的人类命运共同体。在地缘政治矛盾加剧、贸易摩擦增多的背景下，中国提出“一带一路”倡议与和平与发展的时代主题相呼应，是对逆全球化进程进行纠偏的重要措施。“一带一路”倡议通过政策沟通，重构全球合作和国际治理的规则和体系，在尊重成员国的基础上构建统一的标准，加强制度协调和平等对话。因此，“一带一路”倡议也是中国的制度开放以及面向沿线国家和地区的制度兼容，最终形成一套新的贸易、文化等制度标准和体系，对现有国际合作和国际治理形成有效的补充和完善，从而丰富其制度内涵。

第四节　“一带一路”倡议的历史传承与新发展

一、丝绸之路

“丝绸之路”的概念是由德国地理学家李希霍芬在19世纪70年代首次提出的，在其1877年出版的《中国——亲身旅行和据此所作研究的成果》一书中，李希霍芬将公元前127—公元前114年的中国与河间地区、印度等进行丝绸交易的通道称为“丝绸之路”。后来，德国史学家阿尔巴特·赫尔曼对丝绸之路的概念和范围进行了延伸，他主张将丝绸之路延伸到地中海西岸和小亚细亚，即它是古代中国经过中亚通往西亚、欧洲、南亚、北非的陆上贸易交往的通道。

古代的丝绸之路以中国西汉都城长安为起点，经中亚国家阿富汗、伊朗、叙利亚等国家和地区到达地中海，全长6000多千米，是连接亚欧大陆的贸易之路和文化之路。2000多年来，丝绸之路沿途的国家和地区，通过丝绸之路交换彼此的特色物品，也传播了佛教、基督教等文化思想。随着历史的变迁，丝绸之路已经超越丝绸贸易的范畴，成为古代中国与世界交流的文化符号。

随着中西方经济文化的交流增加，丝绸之路的含义和路径也得到了拓展。在以西汉张骞所开辟的“西北丝绸之路”路线上还有北向蒙古高原再西行天山北麓进入中亚的“草原丝绸之路”；也有从长安经成都到印度的“西南丝绸之路”；还有从广州、泉州等沿海城市经南洋到阿拉伯海和非洲东海岸的“海上丝绸之路”等。

二、海上丝绸之路

张骞出使西域后，汉朝与西域之间的交流通道被称为丝绸之路。汉武帝时期之后，西汉的商人还常出海贸易，开辟了海上交通要道，这就是历史上著名的海上丝绸之路。海上丝绸之路分两条：主干是从中国出发向西航行的南海航线，在丝绸之路中占据主要位置；支线是由中国向东到达朝鲜半岛和日本列岛的东海航线，它在海上丝绸之路中占据次要的地位。

从历史上看，海上丝绸之路的兴起主要有以下几个方面的原因。

（一）航海技术的持续发展

三国时期，孙吴政权积极发展水军，船舰的设计与制造取得了很大进步，技术先进，规模也很大。三国时期之后的其他南方政权（东晋、宋、齐、梁、陈）也一直与北方对峙，推动了造船、航海技术的发展，航海经验的积累为海上丝绸之路发展提供了良好条件。宋代造船技术和航海技术明显提高，指南针广泛应用于航海，中国商船的远航能力大为加强。

（二）战争中断的丝绸之路

丝绸之路的第一次中断是在阿拉伯帝国阿拔斯王朝崛起的初期，也就是中国唐朝“安史之乱”前后。经历隋唐时期的社会动乱，唐朝因为战乱失去了对中亚的控制，阿拔斯王朝开始扩张战争并且勾结吐蕃侵犯唐朝边境，因而阻断了丝绸之路中亚段的通行。陆上丝绸之路被战争阻断，代之而兴的便是海上丝绸之路。丝绸之路的第二次中断是在塞尔柱帝国崛起时，也就是中国宋朝末年，当时宋朝国力下降，丝绸之路贸易量逐年减少。直到元代初年，成吉思汗率领的蒙古骑兵对中亚各国大规模屠杀，造成数千里无人区，丝绸之路一度中断，直到明朝明成祖时期才有所恢复。

(三) 封建王朝的定点开放

元朝在经济上采用重商主义政策，鼓励海外贸易，同中国贸易的国家和地区已扩大到亚、非、欧、美各大洲，并制定了堪称中国历史上第一部系统性较强的外贸管理法则。海上丝绸之路发展也进入鼎盛时期。明、清两代，由于政府实行海禁政策，广州成为中国唯一对外开放的贸易大港。广州的海上丝绸之路贸易比唐、宋两代获得了更大的发展，形成了空前的全球性大循环贸易，并一直延续至鸦片战争前夕，久盛不衰。鸦片战争后，中国海权丧失，沿海口岸被迫开放，成为西方倾销商品的市场。从此，海上丝绸之路一蹶不振，进入了衰落期。这种状况贯穿整个民国时期，直至新中国成立。

三、南方丝绸之路

南方陆上丝绸之路即“蜀身毒道”，因穿行于横断山区，又称高山峡谷丝绸之路。大约公元前 4 世纪，中原群雄割据，蜀地（今川西平原）与身毒（今印度）之间开辟了一条丝绸之路，延续 2 个多世纪尚未为中原人所知，所以有人称它为“秘密丝绸之路”。直至张骞出使西域，在大夏发现蜀布、邛竹杖系由身毒转贩而来，他向汉武帝报告后，元狩元年（公元前 122 年）汉武帝派张骞打通“蜀身毒道”。南方陆上丝绸之路延续 2000 多年，特别是抗日战争期间，大后方出海通道被切断，沿丝绸之路西南道开辟的滇缅公路、中印公路运输空前繁忙，成为支援后方的生命线。

四、“一带一路”倡议的新发展

中国政府将“一带一路”倡议定位为重要的国际合作平台和重要的国际公共产品，希望借助“丝绸之路”文化内涵打造的开放、包容的国际区域经济合作平台，将有志于合作共赢的国家和地区都吸纳进来，所以，对参与国家和地区的范围并不设限。因此，中国政府也并未对“一带一路”进行行政区域划分。

但随着时代的发展，“一带一路”倡议的内涵也有了新的拓展，相关概念和提出时间以及涉及区域如表1－1所示，但实质上的“一带一路”区域并不局限于此。

表1－1 “一带一路”倡议概念的新发展

概念名称	提出时间	涉及区域
国际陆海贸易新通道	2018年11月12日	重庆、广西、贵州、甘肃、青海、新疆、云南、宁夏8个西部省（区、市）
冰上丝绸之路	2018年1月26日	穿越北极圈，连接北美、东亚和西欧三大经济中心的海运航道
蓝色经济通道	2017年6月20日	以中国沿海经济带为支撑，连接中国—中南半岛经济走廊，经南海向西进入印度洋，衔接中巴、孟中印缅经济走廊，共同建设中国—印度洋—非洲—地中海蓝色经济通道；经南海向南进入太平洋，共建中国—大洋洲—南太平洋蓝色经济通道；积极推动共建经北冰洋连接欧洲的蓝色经济通道
中欧班列	2011年3月19日	中欧班列规划了西、中、东三条通道：①西通道。一是由新疆阿拉山口（霍尔果斯）口岸出境，经哈萨克斯坦与俄罗斯西伯利亚铁路相连，途经白俄罗斯、波兰、德国等，通达其他欧洲各国。二是由霍尔果斯（阿拉山口）口岸出境，经哈萨克斯坦、土库曼斯坦、伊朗、土耳其等国家，通达欧洲各国；或经哈萨克斯坦跨里海，进入阿塞拜疆、格鲁吉亚、保加利亚等国，通达欧洲各国。三是由吐尔尕特（伊尔克什坦），与规划中的中吉乌铁路等连接，通向吉尔吉斯斯坦、乌兹别克斯坦、土库曼斯坦、伊朗、土耳其等国，通达欧洲各国。②中通道。由内蒙古二连浩特口岸出境，途经蒙古国与俄罗斯西伯利亚铁路相连，通达欧洲各国。③东通道。由内蒙古满洲里（黑龙江绥芬河）口岸出境，接入俄罗斯西伯利亚铁路，通达欧洲各国
六大经济走廊	2013—2016年	新亚欧大陆桥经济走廊、中蒙俄经济走廊、中国—中亚—西亚经济走廊、中国—中南半岛经济走廊、中巴经济走廊和孟中印缅经济走廊

第五节　"一带一路"倡议体系的全球化构建

一、"一带"体系的国际对接

（一）哈萨克斯坦："光明之路"新经济计划

中国提出"一带一路"倡议构想后，哈萨克斯坦总统纳扎尔巴耶夫于2014年提出了哈萨克斯坦的"光明之路"新经济政策。"光明之路"新经济计划的一个核心是基础设施建设，其中包括在2015年完成霍尔果斯口岸经济特区基础设施第一期工程以及阿克套等地油气设施建设。此外，哈萨克斯坦将加强运输基础设施建设，以重点口岸带动周边地区发展，加强地区间公路、铁路和航空运输能力。纳扎尔巴耶夫表示，国家基金投资要重点推动经济结构转型，促进企业发展并创造就业。

纳扎尔巴耶夫表示，李克强总理2014年访问哈萨克斯坦取得了圆满成功，双方达成了一系列重要共识。中国"一带一路"倡议与哈萨克斯坦的"光明之路"新经济计划拥有众多契合点。"西欧—中国西部"交通走廊、天然气管道以及跨境铁路等项目的建设为两国合作注入了新活力。两条路如何对接，就成了中哈两国政府和学者关注的焦点。

2020年4月21日，哈萨克斯坦政府总理阿斯哈尔·马明在线上新闻发布会上，就"光明之路"2020—2025年国家规划下达一系列工作指示。根据该计划，塔勒德库尔干—乌斯卡曼等2.6万千米公路将陆续投入使用，工业和基础设施的保障将会更加稳固。

（二）俄罗斯：欧亚经济联盟

2014年5月29日，俄罗斯、白俄罗斯和哈萨克斯坦3国总统共同签署《欧亚经济联盟条约》，计划在2025年以前实现联盟内的商品、服务等生产要素与产品的自由流动。鉴于欧亚经济联盟与"一带一路"倡议的一致性，

2015 年 5 月，中国和俄罗斯签署了《关于丝绸之路经济带建设和欧亚经济联盟建设对接合作的联合声明》。基于该联合声明，俄罗斯所代表的欧亚经济联盟将与中方所提出的“一带一路”倡议相互支持，并且在高科技和交通等领域展开合作。

2022 年 5 月 26 日，欧亚经济联盟首届欧亚经济论坛在吉尔吉斯斯坦首都比什凯克举行，各方围绕交通和能源基础设施、金融政策、产业合作、电子商务等领域的议题展开讨论，此次论坛主题为“全球变化时代下的欧亚经济一体化和投资新机遇”。论坛为期 1 天，与会经济界和政府代表超过 2500 人。中国提出的“一带一路”倡议与俄罗斯主导的欧亚经济联盟对接前景广阔，可以有效带动沿线国家，尤其是上海合作组织各成员国基础设施建设和整体经济的全面发展。

（三）蒙古国：“草原之路”计划

2014 年，蒙古国将 2013 年所提出的“五大通道”设想进一步升级为“草原之路”计划，与中国所提出的“一带一路”倡议进行对接。蒙古国准备实施“草原之路”计划，通过运输贸易振兴本国经济。蒙古国提出的“草原之路”计划包括 5 个项目，共计 500 亿美元左右的投资额，其中项目包括连接中俄的 997 千米高速公路、1100 千米电气化铁路、扩展跨蒙古国铁路以及天然气和石油管道等。2014 年 9 月，习近平主席在出席中、俄、蒙 3 国元首会晤时提出构建中蒙俄经济走廊的设想，希望通过交通、货物和电网的连通为 3 国合作打下坚实基础，推动 3 国关系迈上新台阶。

中国的“一带一路”倡议和蒙古国的“草原之路”计划有着共同的利益诉求，其中包括：①“一带一路”倡议和“草原之路”计划是在相同的国际背景下提出的；②“一带一路”倡议和“草原之路”计划是基于丝绸之路的悠久历史而提出的；③“一带一路”倡议和“草原之路”计划是中蒙双方相互联通、共谋发展的具体表现，中蒙两国均有完善经贸合作基础设施建设的愿望。“一带一路”倡议和“草原之路”计划同根同源，拥有共同的利益诉求，二者可以有效地相互补充、相互支撑、相互促进。

（四）波兰：“琥珀之路”

“琥珀之路”历史悠久，最早可以追溯到公元前2000年，精明的地中海商人来到北欧波罗的海购买琥珀，再运回地中海向贵族们换取同等重量的黄金，所以，琥珀曾被称为“北方黄金”。波兰地处亚欧大陆十字路口，是“琥珀之路”和“丝绸之路”的交会点，具有独特的区位优势。“琥珀之路”是一条古代运输琥珀的贸易道路，从欧洲北部的北海和波罗的海通往欧洲南部的地中海，连接欧洲的多个重要城市，维持了多个世纪。它对波兰人的意义并不亚于“丝绸之路”之于中国人。“琥珀之路”的开通促使欧洲大陆从北向南得以贯通，此后更向东发展连接了亚洲的波斯（今伊朗）、印度和中国，增进了欧洲和亚洲的商贸往来。

2016年，习近平主席还曾与波兰总统举行会谈，曾频繁提及“琥珀之路”和“丝绸之路”。波兰作为“一带一路”沿线重要的国家，在连接南北欧货运领域发挥着重要的作用。

“一带一路”建设的一个重要着力点，就是通过打通连接南北东西的物流大通道来打造一个合作和开放的国际贸易投资新平台，中欧班列正在成为“一带一路”建设的重要载体。波兰作为“一带一路”建设的重要节点，近年来通过中欧班列的开通运行，与中国多个城市建立了便捷的物流运输网络。波兰已经与重庆、成都、郑州、武汉、义乌等中国城市开通了中欧班列，共同打通了从太平洋到欧洲的贸易通道。作为中欧班列在波兰的主要承接商，几乎所有从中国前往欧洲的货物都要经过波兰国家铁路货运公司控制的铁路网络。2019年，波兰国家铁路货运公司董事会主任代表瑞德兴表示，“从中国开往欧洲的80%的中欧班列要经过波兰边境小镇马拉舍维奇这个中转站，所以，马拉舍维奇物流中心作为欧洲交通枢纽发挥着至关重要的作用”。作为中东欧地区最大的铁路货运公司、欧盟第二大货运公司，波兰国家铁路货运公司也有望成为南北欧铁路货运的中心。

二、“一路”体系的国际对接

2010 年 10 月 28 日，第 17 届东南亚国家联盟（东盟）首脑会议在越南河内国家会议中心闭幕，会议通过了“东盟互联互通总体规划”等文件，向东盟共同体建设迈出了新步伐，有利于促进东盟地区全方位联通，并为东亚地区互联互通铺平了道路。

自 1991 年建立对话关系以来，中国—东盟已经在各个领域取得了颇为丰硕的成果。其中最显而易见的当数贸易、投资和基础设施建设三大领域。据海关统计，中国—东盟双边贸易由 1991 年的 83.6 亿美元增长到 2020 年的 6852.8 亿美元，年均增长 16.5%。其中，出口由 44.5 亿美元增长到 3836.8 亿美元，年均增长 16.4%；进口由 39.1 亿美元增长到 3016 亿美元，年均增长 16.5%。2021 年前 11 个月，中国与东盟贸易总值已达 5.11 万亿元，同比增长 20.6%，其中，对东盟出口 2.81 万亿元，增长 18.9%；自东盟进口 2.3 万亿元，增长 22.8%。在贸易密切程度、贸易质量、贸易潜力、贸易活力、贸易环境等多个维度上都展现了双边贸易的发展水平和发展前景。

在基础设施建设投资领域，东盟已经成为中国最重要的对外投资目的地和外商直接投资来源地。投资领域从制造、采矿、批发零售等行业逐步拓展到农业、电力、供水、电信、基础设施、高新技术、数字经济、绿色经济以及更加丰富的商贸服务领域。随着“一带一路”建设不断走深走实，中老铁路、印尼雅万高速铁路及中新共建国际陆海贸易新通道、中马“两国双园”等基础设施项目相继实施，中国企业在东盟内开展工程承包合作累计完成营业额接近 3500 亿美元，直接投资企业 4000 余家，雇用当地员工 30 余万人，有力地促进了当地经济社会发展。而西部陆海新通道海铁联运班列线路从 2017 年的“渝桂新”1 条线路拓展为 6 个方向常态化开行，目前已成为西部地区货物出海出边的主通道，这将是《区域全面经济伙伴关系协定》（Regional Comprehensive Economic Partnership，RCEP）框架下连接中国与东盟地区最快速便捷的通道。

在人文交流合作方面，中国与东盟于 2005 年 8 月在曼谷签署了《中华人民共和国政府与东南亚国家联盟成员国政府文化合作谅解备忘录》。这是中国与区域组织签订的首个文化合作文件，旨在推进中国与东盟各成员国的文化交往和合作、共同研发和信息共享，规定各国应鼓励和支持对文化遗产的保护、开发，培养文化领域的人力资源以及加强文化企业的合作。以此为标志，中国与东盟各成员国之间的文化交流与合作进入一个新的发展时期，成为中国和东盟之间的另一大重点合作板块。随着“中国—东盟命运共同体”构想的提出，拓展和加深双方的人文交流得到前所未有的重视，人员往来规模不断扩大，目前已经构建起以文化产业合作、教育交流与合作、青少年交流与国际旅游合作等为主要内容的人文交流机制，双方互访人次也屡创新高。

贸易、投资、基础设施建设以及人文交流合作的不断提升，使中国—东盟区域的经济融合程度日益加深。为适应新形势的这种变化，2019 年 8 月 20 日起，《中华人民共和国与东南亚国家联盟关于修订〈中国—东盟全面经济合作框架协议〉及项下部分协议的议定书》以及《〈中华人民共和国与东南亚国家联盟关于修订《中国—东盟全面经济合作框架协议》及项下部分协议的议定书〉附件 1 的附录 B：产品特定原产地规则修订》，即人们通常所说的“中国—东盟自贸协定升级版”正式实施。在中国—东盟自贸协定新政策的刺激下，2020 年，双方不仅实现了互为第一大贸易伙伴的区域经贸关系，还在此基础上共同签署了《区域全面经济伙伴关系协定》。

《区域全面经济伙伴关系协定》的成功签署，是中国—东盟开启对话 30 年来双方交流与合作成果的肯定。它标志着双方在推动区域经济一体化建设方面形成了“你中有我，我中有你”的基本格局，而这一格局将促使中国—东盟关系不断加强、日益紧密，不大容易“脱钩”，更不可能倒退，这是后疫情时代推进中国—东盟共同体建设的现实基础和必要条件。

（一）越南：南北经济走廊/“两廊一圈”

2004 年 5 月 20 日，越南领导人来华访问时，提出中越合作建设“两廊一圈”的建议，得到中方积极响应。同年 10 月 8 日，中越两国政府发表联合公报，明确提出，双方同意在两国政府经贸合作委员会框架下成立专家组，积极探讨建设“两廊一圈”问题。至此，“两廊一圈”进入中越两国政府的合作构想。“两廊一圈”是指“昆明—老街—河内—海防—广宁”和“南宁—谅山—河内—海防—广宁”经济走廊以及环北部湾经济圈。合作范围包括中国的云南、广西、广东、海南4省（区）和越南的老街、谅山、广宁、河内及海防5省（市），总面积为86.9万平方千米。

“两廊一圈”的提出及其启动实施是中国—东盟自由贸易区合作框架下的次区域合作的具体举措，推动“两廊一圈”建设是基于中越两国关系不断全面深入发展在经贸合作方面的具体成果，它标志着中越经济在迈向一体化方面步入了规划和实际操作层面。从中越关系、区域战略和广西、云南发展的角度来看，“两廊一圈”的提出和启动都是具有积极意义的。

“一带一路”和“两廊一圈”的对接，有助于越南发展基础设施建设，中国在基础设施建设上的资源、设备、资金和运营经验将助力越南的经济发展。同时，“一带一路”和“两廊一圈”的对接也将促进中越两国双边贸易、农业、工业、旅游业、资源开发与加工、电力合作、基础设施建设、贸易自由化和流通便利化建设、环境保护和生态建设等领域合作，推动互联互通，加强贸易往来。

（二）印度尼西亚：全球海上支点战略

2014年，印度尼西亚总统佐科竞选获胜后提出了旨在振兴印度尼西亚经济与政治地位的建设海洋强国战略，希望通过实施“海上高速公路”建设，将印度尼西亚打造成“全球海上支点、全球文明枢纽”。随后，在2014年11月的东盟峰会上，佐科提出通过“复兴海洋文化、保护和经营海洋资源、发展海上交通基础设施、进行海上外交、提升海上防御能力”五个支点建设，将印度尼西亚打造成全球的海上支点。

中国的“21世纪海上丝绸之路”倡议与印度尼西亚的“全球海上支点”战略具有一定的交叉，二者的紧密结合符合双方的共同利益。

（三）印度：“季风计划”

2014年6月，印度莫迪政府推出“季风计划”，谋求印度在南亚和东南亚地区的利益和领导力，进而实现其全球战略。莫迪政府所提出的“季风计划”从文化项目逐渐扩展至外交和经济领域，原先规划的范围也扩展至东非乃至整个印度洋流域。与已有明确行动计划并且已经在全面推进的“一带一路”倡议不同，莫迪政府没有针对“季风计划”公开发布过正式文件，也没有成立对应的统筹机构，缺少具体内容和战略设想。在不断的概念与区域扩张下是严重的资金短缺，印度期望通过“季风计划”与中国的“21世纪海上丝绸之路”倡议相竞争的意图虽然很明显，但实际效果和影响力都远不及其预期。

（四）日本：亚洲基建投资计划

2015年5月21日，日本时任首相安倍晋三在东京提出了亚洲基建投资计划，声称未来5年在亚洲进行1100亿美元的基建投资。日本媒体报道称，日本所提出的亚洲基建投资计划是为对抗中国成立的亚投行，遏制中国在亚洲地区越来越大的影响力。对于具体方案，安倍晋三称将通过政府开发援助（Official Development Assistance，ODA）项目扩大对亚洲地区的日元贷款和技术支援等，同时扩大日本主导的亚洲开发银行（Asian Development Bank，ADB）以及日本国际协力银行（Japan Bank for International Cooperation，JBIC）的融资能力，以通过这些银行机构开展基础设施投资。日本《读卖新闻》评论说，日本希望利用“高品质”和“信赖度”等优势，提高日本的存在感，与倡议设立亚洲基础设施投资银行的中国展开主导权之争。

（五）肯尼亚：拉穆港—南苏丹—埃塞俄比亚交通走廊

2012年3月，肯尼亚、南苏丹和埃塞俄比亚共同发起了“拉穆港—南苏丹—埃塞俄比亚交通走廊”项目，简称“拉穆走廊”。该项目主要包含拉穆港以及连接拉穆港—南苏丹的公路、铁路和油气管道等设施，总投资额达到250亿美元，是非洲国家独立以来最大的工程项目。

“拉穆走廊”项目建设有以下目的：①帮助南苏丹打破对苏丹港口和原油管道的依赖，降低两者之间的矛盾；②为埃塞俄比亚打开一个进出口通道，促进其经济发展和社会交流；③为肯尼亚增加石油输送收入，促进肯尼亚的经济发展。

“拉穆走廊”与中国的“一带一路”倡议具有广泛的共同利益，中国有能力支持“拉穆走廊”建设，也需要该地区的石油资源，双方合作有利于打通非洲3国从内陆国到沿海的通道，也有利于保障中国的能源安全。拉穆港1～3号深水泊位码头是拉穆港项目一期工程，由中国交通建设集团承建，年吞吐量约120万标准箱，项目总金额约480亿肯尼亚先令。

（六）澳大利亚：北部大开发

2015年6月18日，澳大利亚政府颁布北部大开发白皮书（*Our North, Our Future: A Vision for Developing North Australia*），提出未来20年澳大利亚北部发展愿景和蓝图。澳大利亚北部地区包括北领地全部和昆士兰、西澳部分地区。北部开发计划包括打通影响发展的六大“瓶颈”：改善繁杂的用地法规制度，加大水资源开发利用，扩大商业、贸易和投资，增加基础设施降低经营和生活成本，取消用人障碍以及提高执政水平。

自澳大利亚提出“北部大开发”计划以来，中国通过“一带一路”倡议积极与之对接，以期谋求共同发展。但随着中澳贸易摩擦的出现，澳大利亚内部出现了严重的“中国威胁论”“渗透论”等不和谐声音。中国企业自从在澳大利亚北部租赁了达尔文港，投资了一些农场、光伏发电小项目后，大型的投资项目基本被澳方全部否决，双方的合作基本停滞。澳方也将合作的主要对象定为印度和日本，给未来的中澳合作增加了诸多的不确定性。

（七）埃及：新苏伊士运河计划

2015年6月13日，埃及苏伊士运河管理局主席穆哈卜·马米什对外宣布，长达72千米的新苏伊士运河将于8月6日正式开通。新运河开通后，船只通过运河的时间有望从现在的22小时减少到11小时，埃及苏伊士运河年收入有望在2023年达到150亿美元左右。埃及政府计划未来沿苏伊士运河建设“苏伊士运河走廊经济带”，包括修建公路、机场、港口等基础设施，预计经济带全部建成后每年将为埃及创造高达1000亿美元的收入，约占该国经济总量的1/3。

埃及苏伊士运河管理局主席乌萨马·拉比耶在阿拉伯联合酋长国迪拜出席活动时说，新苏伊士运河工程于2021年7月启动，工期预计2年，如果顺利，将于2023年7月竣工。埃及新苏伊士运河的开通，正值中国“一带一路”倡议开始推进的阶段，这使两者紧密联系在一起，将进一步为埃中全方位合作打开广阔的前景。

（八）美国：“新丝绸之路计划”

“新丝绸之路计划”（New Silk Road Initiative）早在1999年5月就被美国国会以战略法案的形式通过，但推行缓慢。2011年7月，美国前国务卿希拉里重提“新丝绸之路计划”，目标是通过重建各类基础设施，帮助阿富汗融入中亚地区，并以此为中心打造一个经济圈连接中亚和南亚地区，推动实现“能源南下”与“商品北上”的战略目标。美国在能源、贸易与交通、海关与边防运作以及商业和人员往来四大方面提出了多项建议。例如，美国将对中亚—南亚输变电项目（CASA－1000）提供1500万美元赞助；对能源传输管线和水电站等投资超过17亿美元；新建或重建公路约3000千米等。

美国对中亚地区的贸易依赖较小，美国所提出的“新丝绸之路计划”主要是对中国提出“一带一路”倡议进行反制。中亚等地区的粮食和能源资源都较为丰富，可以为中国发展提供重要保障。如果中国与“一带一路”沿线国家和地区形成良好的政治和贸易关系，实现生产要素和产品的调配，将对美国所主导的经济体系形成巨大冲击。因此，“一带一路”倡议在推进过程中，与“新丝绸之路计划”的竞争博弈将长期存在。

第二章
“一带一路”倡议的建设历程

截至2022年3月底，中国政府已与140多个国家和30个国际组织签署了200多份合作文件；法国、西班牙、荷兰、比利时等国与中国签署了开展第三方市场合作的备忘录。这些国家的企业在“一带一路”沿线国家和地区，与中国企业共建基础设施和民生工程，开展了许多建设性的互利合作。

在政策沟通持续推进并富有成果的前提下，中方严格遵循“共商、共建、共享”原则和市场经济运行规律，坚持与“一带一路”合作伙伴精诚合作，妥善应对了基础设施和民生工程建设中常遇到的各种困难和麻烦，较好地处理了土地、税收、用工、环保、安全、设备、技术、标准、法律以及传统文化、社会风俗等相关问题。

目前，中国企业在“一带一路”沿线国家和地区承建和承包的大项目已经超过3000个，其中包括许多高速铁路、高等级公路以及现代化的矿山、机场、港口、电站、管道和工业园区。在东非地区，成功运营了蒙内铁路、亚吉铁路和中资企业投资后起死回生的希腊比雷埃夫斯港，而通车在即的中老铁路、印尼雅万高铁等也都已经成为共建“一带一路”倡议的标志性项目。始于中国境内、连接巴基斯坦和非洲之角、终至法国，长达1.2万千米的“和平光缆”，更是国际社会叹为观止的合作典范。通过“一带一路”国际合作，中国为全球基础设施建设、连通与治理作出了有目共睹的独特贡献。

“一带一路”框架下的基础设施建设与互联互通持续推进，自然而然地带动和优化了中国对“一带一路”沿线国家和地区的直接投资。9年来，中国对沿线国家和地区的直接投资累计已达1360亿美元。即使在新冠疫情肆虐的2020年，中国对沿线国家和地区的非金融直接投资也达到了178亿美元，同比增长

18.3%，占中国对外总投资的16.2%。

在不断扩大的基建合作和投资合作的拉动下，中国与“一带一路”沿线国家的贸易关系得到不断改善和提升。截至2020年年底，中国与“一带一路”沿线国家的贸易额累计达9.2万亿美元。国际社会普遍认为，中国与“一带一路”沿线国家贸易关系的发展，显著扩大了全球贸易规模，提升了全球贸易治理能力。

在大力开展基础设施建设、持续推进互联互通的过程中，中国金融机构提供了大约85%份额、多达数万亿美元总额的资金支持。中国联合100多个国家共同成立的亚投行、单独注资建立的丝绸之路基金会以及其他各种区域合作基金，也发挥了不可或缺的重要作用。随着政策沟通、设施联通、贸易畅通、资金融通全面推进，“一带一路”国际合作最根本的民心相通，也有显著收获和成果。在教育领域，中国与许多“一带一路”沿线国家实现了学历学位互认，共同开办高等院校，联合培养各类人才。“一带一路”沿线国家在华留学人员，目前已经超过外国在华学生的半数。

回首过去9年，可以说共建“一带一路”已经成为世界各国互利合作的新范式，是人类文明不同形态互学互鉴的新路径。据世界银行估计，到2030年，“一带一路”国际合作有望帮助全球760万人摆脱极端贫困，同时使3200万人摆脱中度贫困。“一带一路”已成为全人类的“减贫之路”“增长之路”和“共同进步与繁荣之路”。

第一节　第一阶段：“五通”建设

一、政策沟通及其成果

“一带一路”倡议是中国与沿线国家间进行政策协调的平台，官方的政策互通可以为其他领域的合作交流扫清障碍，因此，政策沟通是“五通”之首。

“一带一路”倡议的参与者与影响范围逐渐扩大。在共建“一带一路”的框架下，中国与沿线国家本着求同存异原则，就经济、文化和民生领域规划政策进行充分交流，签署了一系列合作协议。截至2022年3月底，中国政府已与140多个国家和30个国际组织签署了200多份合作文件，并且将“一带一路”倡议与哈萨克斯坦的“光明之路”新经济计划、蒙古国的“草原之路”计划等众多区域发展规划相融合，合作区域也由亚欧延伸至非洲、拉美、南太平洋等区域。

除官方所倡导的政策沟通外，中国还提出了第三方市场合作的倡议，创新了国际合作的新方式。通过这一倡议，中国企业与“一带一路”沿线国家和地区的企业进行合作，极大地提高了市场的积极性，也将政策的影响力拓展至全部的市场主体。

在总体规划之外，“一带一路”倡议还在专业细分领域取得了丰硕的成果。

（一）数字建设方面

数字丝绸之路建设已成为“一带一路”建设的重要组成部分，中国与埃及、老挝等国共同发起《“一带一路”数字经济国际合作倡议》，与16个国家签署加强数字丝绸之路建设合作文件。中国发布《标准联通共建“一带一路”行动计划（2018—2020年）》，与49个国家和地区签署85份标准化合作协议。数字化建设推动了“一带一路”沿线国家的数字化进程，缩小了发展中国家与发达国家的差距。

（二）税收合作方面

在“一带一路”倡议的合作中，围绕税收征管信息化、纳税服务信息等领域进行交流合作，并共同商议提出《阿斯塔纳“一带一路”税收合作倡议》，将税收协定合作网络延伸扩展到111个国家和地区。

（三）知识产权方面

中国与49个“一带一路”沿线国家共同提出《关于进一步推进“一带一路”国家知识产权务实合作的联合声明》，对推动沿线国家间进行知识产权交流和转化具有重要意义。

（四）能源合作方面

为构建安全稳定的能源供给体系，中国举行了“一带一路”能源部长会议，联合“一带一路”沿线的18个国家建立稳定的能源合作伙伴关系。

（五）农业方面

为发展现代农业、保障我国和沿线国家的粮食安全，中国发布《共同推进“一带一路”建设农业合作的愿景与行动》，与中亚的哈萨克斯坦，东南亚的泰国、越南等国建立了友好的农业合作关系。

（六）法律法规方面

为解决国际商事纠纷，中国与“一带一路”沿线国家进行了多项合作交流，共同建立了国际商事法庭等协调机制。

二、设施联通及其成果

设施联通是贸易往来和人员交流的通道，是“一带一路”建设的重要方向。中国在尊重“一带一路”沿线国家主权独立和领土安全的前提下，共同努力建设以陆、海、天、网“四位一体”为核心的全方位、多层次、复合型基础交通设施网络，降低人员、物资、资本等生产要素和产品流通的成本，提高要素和产品的流通效率，促进沿线国家和地区的要素资源配置，有利于沿线国家和地区实现合作共赢。

（一）国际经济合作走廊和通道建设取得明显进展

为建设畅通的亚、欧、非统一大市场，结合“一带一路”沿线国家发展规划，中国与“一带一路”沿线国家相继开展了新亚欧大陆桥经济走廊、中蒙俄经济走廊、中国—中亚—西亚经济走廊、中国—中南半岛经济走廊、中巴经济走廊等多项区域经济廊道建设，取得了丰硕的成果。

1. 新亚欧大陆桥经济走廊

1990年9月12日，新亚欧大陆桥通车为中国东中西部面向中亚和欧洲的经济交流打通了道路。“一带一路”倡议基于这一交通要道提出了“亚欧大陆桥经济带”的方案，对内，与黄河流域建设高度重合，对促进区域经济协调发展，生态文明迈向新阶段具有重要意义；对外，中国与中东欧相继签署了《中国—中东欧国家合作布达佩斯纲要》和《中国—中东欧国家合作索非亚纲要》，启动了匈塞铁路、中国西部—西欧国际公路等建设，为建设高水平国际大循环打下了良好的基础。

2. 中蒙俄经济走廊

中国、蒙古国和俄罗斯 3 国在构建畅通的交通设施、促进要素和产品的自由流通上有着共同的利益诉求，合力打造以铁路、公路和边境口岸为主干的跨境交通设施网。2018 年，中、蒙、俄签署《关于建立中蒙俄经济走廊联合推进机制的谅解备忘录》，对 3 国在交通、能源、农业等多个方面的合作具有重要的推动作用。2021 年，蒙古国的对外贸易总额达到 161 亿美元，同比增长 25%，贸易顺差达到 24 亿美元。蒙古国的主要出口商品为矿产品，特别是铜精粉和煤炭，在实现自身贸易增长的同时，也促进了我国的能源资源稳定供给。

3. 中国—中亚—西亚经济走廊

9 年多来，该走廊在能源合作、设施互联互通、经贸与产能合作等领域合作不断加深。中国与哈萨克斯坦、乌兹别克斯坦、土耳其等国的双边国际道路运输协定以及中巴哈吉、中哈俄、中吉乌等多边国际道路运输协议或协定相继签署，中亚、西亚地区基础设施建设不断完善。中国—沙特投资合作论坛围绕共建“一带一路”倡议与沙特“2030 愿景”进行产业对接，签署合作协议总价值超过 280 亿美元。中国与伊朗发挥在各领域的独特优势，加强道路、基础设施、能源等领域的对接合作。

4. 中国—中南半岛经济走廊

9 年多来，该走廊在基础设施互联互通、跨境经济合作区建设等方面取得积极进展。昆（明）曼（谷）公路全线贯通，中老铁路、中泰铁路等项目稳步推进。中老经济走廊合作建设开始启动，泰国“东部经济走廊”与“一带一路”倡议加快对接，中国与柬老缅越泰（CLMVT）经济合作稳步推进。中国—东盟（10+1）合作机制、澜湄合作机制、大湄公河次区域经济合作（GMS）发挥的积极作用越来越明显。

5. 中巴经济走廊

以能源、交通基础设施、产业园区合作、瓜达尔港为重点的合作布局确定实施。中国与巴基斯坦组建了中巴经济走廊联合合作委员会，建立了定期会晤机制。一批项目顺利推进，瓜达尔港疏港公路和国际机场、白沙瓦—卡拉奇高速公路（苏库尔—木尔坦段）、喀喇昆仑公路二期（赫韦利扬—塔科特段）、拉合尔轨道交通橙线、卡西姆港1320兆瓦燃煤应急电站等重点项目开工建设，部分项目已顺利实现投产并发挥良好效益。中巴经济走廊正在开启第三方合作，更多国家或有意愿参与其中。

（二）基础设施互联互通水平大幅提升

“道路通，百业兴”，基础设施投入不足是发展中国家经济发展的“瓶颈”，加快设施联通建设是共建“一带一路”的关键领域和核心内容。

1. 铁路合作方面

以中老铁路、中泰铁路、匈塞铁路、雅万高速铁路等合作项目为重点的区际、洲际铁路网络建设取得重大进展。泛亚铁路东线、巴基斯坦1号铁路干线升级改造、中吉乌铁路等项目正积极推进前期研究，中国—尼泊尔跨境铁路已完成预可行性研究。中欧班列初步探索形成了多国协作的国际班列运行机制。中国、白俄罗斯、德国、哈萨克斯坦、蒙古国、波兰和俄罗斯7国铁路公司签署了《关于深化中欧班列合作协议》。截至2022年1月29日，中欧班列已经连通亚欧大陆23个国家的174个城市，累计开行5万列，运送货物超过455万标准箱，运送的货物从最初的手机、笔记本电脑等数码产品扩展到汽车、化工、机电等共5万多种，全程的运输时间也从最初的24天缩短至12天。

2. 公路合作方面

南北黑山高速公路由中国交通建设股份公司和中国路桥工程有限公司于2018年承建，已经基本建设完工，建成后并入国际公路网，能够连通欧洲中部多个国家。巴基斯坦 PKM（白沙瓦—卡拉奇）高速公路（苏库尔—木尔坦段）系中巴经济走廊最大的交通基础设施项目，南起信德省苏库尔，北至旁遮普省经济中心城市木尔坦，全长 392 千米，项目已经顺利完工，获得了所在地的高度评价。此外，2019 年 7 月，中俄界江黑龙江公路大桥工程完工、中巴经济走廊苏库尔—木尔坦段高速公路提前竣工，2021 年，中缅边境景海高速公路通车等一系列的公路要道连通，促进了“一带一路”沿线的交通设施建设，对促进生产要素和产品的自由流通起到了重要的推动作用。

3. 港口合作方面

根据联合国贸易和发展会议（United Nations Conference on Trade and Development，UNCTAD，简称贸发会议）的数据，全球 80% 的货物贸易是通过海运实现的。“一带一路”倡议将沿线国家海上互联互通、港口建设合作作为重要的基础设施建设组成部分。

（1）中国帮助巴基斯坦建设瓜达尔港

2021 年项目的第一阶段已经完工，来自中国的 40 多家企业投资超过了 30 亿元，促进了港口的建设和发展，也对第二阶段的投资和建设起到了重要的推动作用。

（2）希腊的比雷埃夫斯港经营不善，逐渐没落

在中海航运的帮助下，港口的集装箱吞吐量从 2010 年世界排名的第 93 位提升至 2020 年的第 26 位，为希腊当地贡献了超过 14 亿欧元的社会价值，也让港口拥有了新设备、新基建和新技术，实现了港口的升级建设。

（3）中国承接非洲的拉穆港 1 ~ 3 号的港口项目

非洲的拉穆港是“拉穆港—南苏丹—埃塞俄比亚交通走廊”（LAPSSET）的重要组成部分，中国承接了拉穆港 1 ~ 3 号的港口项目，对于促进肯尼亚、南苏丹、埃塞俄比亚 3 国的经济一体化和外向型经济发展具有重要的推动作用。

4. 航空运输方面

中国与 126 个国家和地区签署了双边政府间航空运输协定。与卢森堡、俄罗斯、亚美尼亚、印度尼西亚、柬埔寨、孟加拉国、以色列、蒙古国、马来西亚、埃及等国扩大了航权安排。

5. 能源设施建设方面

中国与“一带一路”沿线国家签署了一系列合作框架协议和谅解备忘录，在电力、油气、核电、新能源、煤炭等领域开展了广泛合作，与相关国家共同维护油气管网安全运营，促进国家和地区之间的能源资源优化配置。中俄原油管道、中国—中亚天然气管道保持稳定运营，中俄天然气管道于2019年12月正式投产通气，2024年全线通气；中缅油气管道全线贯通。

6. 通信设施建设方面

中缅、中巴、中吉、中俄跨境光缆信息通道建设取得明显进展。中国与国际电信联盟签署《关于加强“一带一路”框架下电信和信息网络领域合作的意向书》。与吉尔吉斯斯坦、塔吉克斯坦、阿富汗签署“丝路光缆合作协议”，实质性启动了“丝路光缆项目”。

（三）“一带一路”航贸指数

“一带一路”航贸指数由上海航运交易所开发编制。该指数由“一带一路”贸易额指数、“一带一路”沿线国家出口集装箱海运量指数（BRCVI）、“海上丝绸之路”进口集装箱运价指数三大类组成。指数基期为2015年1月，基期指数为100点，在每月最后一个星期三（工作日）对外发布。该指数涉及的货种不仅限于集装箱，还包括煤炭、铁矿石、原油等大宗物资，直接反映贸易额、货运量、运输价格三者之间的变化和相互关系。

表2－1　“一带一路”航贸指数

时间	“一带一路”贸易额指数	“一带一路”沿线国家出口集装箱海运量指数	“海上丝绸之路”进口集装箱运价指数	时间	“一带一路”贸易额指数	“一带一路”沿线国家出口集装箱海运量指数	“海上丝绸之路”进口集装箱运价指数
2017年7月	112.11	117.46	91.03	2019年12月	144.82	131.04	109.79
2017年8月	108.63	121.43	94.86	2020年1月	148.78	140.28	108.53
2017年9月	113.10	121.12	98.52	2020年2月	148.78	140.28	93.20

续表

时间	“一带一路”贸易额指数	“一带一路”沿线国家出口集装箱海运量指数	“海上丝绸之路”进口集装箱运价指数	时间	“一带一路”贸易额指数	“一带一路”沿线国家出口集装箱海运量指数	“海上丝绸之路”进口集装箱运价指数
2017年10月	118.16	117.17	101.68	2020年3月	112.06	107.74	97.02
2017年11月	108.08	105.52	99.81	2020年4月	123.82	124.94	102.62
2017年12月	131.01	121.90	101.76	2020年5月	119.79	122.48	86.33
2018年1月	127.79	126.69	90.71	2020年6月	111.68	117.90	93.13
2018年2月	125.59	123.93	93.56	2020年7月	129.05	129.98	101.10
2018年3月	112.39	106.35	91.94	2020年8月	134.93	137.39	99.31
2018年4月	109.14	107.05	89.32	2020年9月	134.96	143.06	99.07
2018年5月	121.29	126.75	94.82	2020年10月	151.01	143.30	103.46
2018年6月	126.86	129.53	97.60	2020年11月	138.51	138.88	101.67
2018年7月	124.61	123.85	101.23	2020年12月	153.53	147.50	123.03
2018年8月	124.88	118.10	105.14	2021年1月	161.07	148.25	152.34
2018年9月	126.63	119.34	99.99	2021年2月	153.60	145.27	159.00
2018年10月	133.29	127.24	104.19	2021年3月	149.28	125.83	170.29
2018年11月	127.01	115.20	98.52	2021年4月	157.81	145.89	176.77
2018年12月	134.91	118.26	101.30	2021年5月	172.40	152.62	200.18
2019年1月	123.57	122.95	94.82	2021年6月	165.16	145.20	207.87

续表

时间	“一带一路”贸易额指数	“一带一路”沿线国家出口集装箱海运量指数	“海上丝绸之路”进口集装箱运价指数	时间	“一带一路”贸易额指数	“一带一路”沿线国家出口集装箱海运量指数	“海上丝绸之路”进口集装箱运价指数
2019年2月	129.35	115.32	89.16	2021年7月	181.82	138.92	222.87
2019年3月	96.57	93.76	89.39	2021年8月	171.49	139.91	247.19
2019年4月	121.77	129.44	84.29	2021年9月	181.33	152.28	260.18
2019年5月	128.74	131.90	90.06	2021年10月	189.38	144.32	276.23
2019年6月	129.01	133.98	93.67	2021年11月	173.83	140.11	243.74
2019年7月	130.00	135.74	102.62	2021年12月	204.76	145.41	239.94
2019年8月	132.84	134.14	106.64	2022年1月	206.06	155.24	238.26
2019年9月	133.67	134.51	112.53	2022年2月	201.41	165.89	241.33
2019年10月	139.80	131.17	112.67	2022年3月	156.29	120.33	255.10
2019年11月	131.35	122.14	104.88	2022年4月	178.81	127.37	240.48

由表2－1和图2－1可知，自2017年7月以来，“一带一路”倡议的航运和贸易稳步上升，自2021年1月后有快速上升，到2021年10月前后达到顶峰。这主要是因为新冠疫情后全球各国的生产停滞，物资紧缺。而我国展现了强大的医药以及生活用品的生产效率与制造实力，获得了出口方面的巨大成就。但在此之后，随着国外生产的恢复以及我国对新冠疫情管制的加强，相关的航运和贸易指数逐渐恢复到新冠疫情之前的水平。

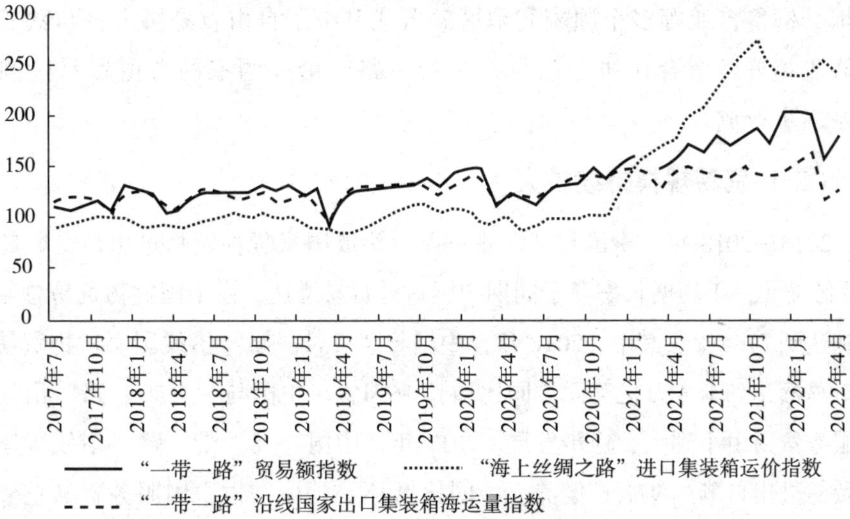

图 2－1 “一带一路”航贸指数

资料来源：上海航运交易所。

三、贸易畅通及其成果

贸易畅通是共建“一带一路”的重要内容。“一带一路”建设促进了沿线国家和地区贸易投资的自由化、便利化，降低了交易成本和营商成本，释放了发展潜力，进一步提升了各国参与经济全球化的广度和深度。

（一）贸易与投资自由化、便利化水平不断提升

中国发起了《推进“一带一路”贸易畅通合作倡议》，83 个国家和国际组织积极参与。海关检验检疫合作不断深化，自 2017 年 5 月第一届“一带一路”国际合作高峰论坛以来，中国与“一带一路”沿线国家签署 100 多份合作文件，实现了 50 多种农产品食品检疫准入。中国和哈萨克斯坦、吉尔吉斯斯坦、塔吉克斯坦农产品快速通关“绿色通道”建设积极推进，农产品通关时间缩短了 90%。中国进一步放宽外资准入领域，营造高标准的国际营商环境，设立了面向全球开放的 12 个自由贸易试验区，并探索建设自由贸易港，吸引“一带一路”沿线国家来华投资。中国平均关税水平从加入世界贸易组织（WTO）时的 15. 3% 降至目前的 7. 5%。中国与东盟、新加坡、巴基

斯坦、格鲁吉亚等多个国家和地区签署或升级了自由贸易协定，与欧亚经济联盟签署经贸合作协定，与“一带一路”沿线国家的自由贸易区网络体系逐步形成。

（二）贸易规模持续扩大

2013—2018 年，中国与“一带一路”沿线国家货物贸易进出口总额超过 6 万亿美元，年均增长率高于同期中国对外贸易增速，占中国货物贸易总额的比重达到 27.4%。其中，2018 年，中国与“一带一路”沿线国家货物贸易进出口总额达到 1.3 万亿美元，同比增长 16.4%。中国与“一带一路”沿线国家服务贸易由小到大、稳步发展。2017 年，中国与“一带一路”沿线国家服务贸易进出口额达 977.6 亿美元，同比增长 18.4%，占中国服务贸易总额的 14.1%，比 2016 年提高 1.6 个百分点。世界银行研究组分析了“一带一路”倡议对 71 个潜在参与国的贸易影响，发现“一带一路”倡议将参与国之间的贸易往来增加了 4.1%。

（三）贸易方式创新进程加快

跨境电子商务等新业态、新模式正成为推动贸易畅通的重要新生力量。2018 年，通过中国海关跨境电子商务管理平台零售进出口商品总额达 203 亿美元，同比增长 50%，其中，出口 84.8 亿美元，同比增长 67.0%；进口 118.7 亿美元，同比增长 39.8%。“丝路电商”合作蓬勃兴起，中国与 17 个国家建立双边电子商务合作机制，在金砖国家等多边机制下形成电子商务合作，加快了企业对接和品牌培育的实质性步伐。

（四）海上丝绸之路贸易指数

海上丝绸之路贸易指数（Maritime Silk Road Trade Index，STI）由宁波航运交易所开发编制，由出口贸易指数、进口贸易指数、进出口贸易指数构成，并从总体贸易指数、区域贸易指数、特类贸易指数等不同方面衡量中国对外经贸发展水平、反映中国对外贸易发展变化趋势。该指数以 2015 年 3 月为基期，基点为 100，每月发布。表 2-2、图 2-2 为 2014 年 1 月至 2022 年 2 月的海上丝绸之路贸易指数。

表 2-2 海上丝绸之路贸易指数

时间	进出口贸易指数	出口贸易指数	进口贸易指数	时间	进出口贸易指数	出口贸易指数	进口贸易指数
2014 年 1 月	133.61	143.54	123.49	2018 年 1 月	133.11	138.31	127.82
2014 年 2 月	87.67	79.07	96.41	2018 年 2 月	108.06	118.31	97.63
2014 年 3 月	116.11	117.87	114.32	2018 年 3 月	123.65	120.57	126.79
2014 年 4 月	125.29	130.67	119.81	2018 年 4 月	129.97	137.93	121.87
2014 年 5 月	124.13	135.62	112.45	2018 年 5 月	139.81	146.71	132.79
2014 年 6 月	119.47	129.49	109.28	2018 年 6 月	136.50	149.49	123.28
2014 年 7 月	132.24	147.51	116.70	2018 年 7 月	140.37	148.65	131.93
2014 年 8 月	128.29	144.45	111.85	2018 年 8 月	142.58	150.42	134.60
2014 年 9 月	138.47	148.08	128.69	2018 年 9 月	147.06	156.28	137.67
2014 年 10 月	128.65	143.36	113.68	2018 年 10 月	138.66	148.92	128.22
2014 年 11 月	128.83	146.69	110.65	2018 年 11 月	142.26	155.52	128.75
2014 年 12 月	141.64	157.69	125.31	2018 年 12 月	134.66	153.18	115.80
2015 年 1 月	119.05	138.58	99.18	2019 年 1 月	138.48	150.84	125.90
2015 年 2 月	97.03	117.14	76.56	2019 年 2 月	93.15	93.76	92.52
2015 年 3 月	100.00	100.00	100.00	2019 年 3 月	127.54	137.74	117.15
2015 年 4 月	111.42	121.96	100.69	2019 年 4 月	130.49	134.15	126.77
2015 年 5 月	112.06	130.90	92.89	2019 年 5 月	135.00	148.26	121.50
2015 年 6 月	116.77	131.41	101.86	2019 年 6 月	131.03	147.56	114.21
2015 年 7 月	120.46	133.92	106.77	2019 年 7 月	139.19	153.59	124.53
2015 年 8 月	116.32	136.00	96.30	2019 年 8 月	138.05	148.92	126.99
2015 年 9 月	122.49	142.08	102.55	2019 年 9 月	138.69	151.23	125.94
2015 年 10 月	113.00	133.25	92.39	2019 年 10 月	133.96	147.63	120.04
2015 年 11 月	118.65	136.31	100.68	2019 年 11 月	141.55	153.46	129.42
2015 年 12 月	135.24	154.70	115.43	2019 年 12 月	149.85	164.76	134.67
2016 年 1 月	98.60	117.44	79.42	2020 年 1—2 月	103.51	101.38	105.68

续表

时间	进出口贸易指数	出口贸易指数	进口贸易指数	时间	进出口贸易指数	出口贸易指数	进口贸易指数
2016 年 2 月	75. 28	84. 38	66. 02	2020 年 3 月	122. 54	128. 37	116. 61
2016 年 3 月	99. 77	107. 53	91. 86	2020 年 4 月	124. 21	138. 85	109. 31
2016 年 4 月	102. 65	115. 57	89. 49	2020 年 5 月	122. 64	143. 39	101. 53
2016 年 5 月	107. 21	121. 82	92. 34	2020 年 6 月	133. 14	148. 07	117. 95
2016 年 6 月	107. 66	122. 44	92. 62	2020 年 7 月	144. 41	164. 75	123. 70
2016 年 7 月	109. 45	125. 26	93. 36	2020 年 8 月	143. 94	163. 11	124. 43
2016 年 8 月	114. 55	130. 92	97. 90	2020 年 9 月	154. 75	166. 23	143. 07
2016 年 9 月	114. 16	127. 18	100. 91	2020 年 10 月	145. 45	164. 44	126. 12
2016 年 10 月	106. 84	122. 60	90. 79	2020 年 11 月	161. 13	185. 86	135. 96
2016 年 11 月	120. 31	134. 20	106. 18	2020 年 12 月	169. 85	195. 46	143. 78
2016 年 12 月	132. 39	144. 97	119. 58	2021 年 1—2 月	145. 91	162. 54	129. 00
2017 年 1 月	109. 06	124. 99	92. 86	2021 年 3 月	163. 83	167. 18	160. 42
2017 年 2 月	86. 95	82. 40	91. 58	2021 年 4 月	169. 60	182. 98	155. 99
2017 年 3 月	117. 43	124. 27	110. 46	2021 年 5 月	168. 67	182. 98	154. 10
2017 年 4 月	111. 56	123. 25	99. 67	2021 年 6 月	178. 81	195. 11	162. 22
2017 年 5 月	118. 29	131. 10	105. 26	2021 年 7 月	177. 91	195. 97	159. 52
2017 年 6 月	121. 80	135. 03	108. 34	2021 年 8 月	185. 45	204. 05	166. 52
2017 年 7 月	118. 69	133. 20	103. 92	2021 年 9 月	190. 49	211. 97	168. 63
2017 年 8 月	124. 51	137. 31	111. 49	2021 年 10 月	180. 42	208. 15	152. 19
2017 年 9 月	128. 87	137. 24	120. 36	2021 年 11 月	202. 60	225. 69	179. 10
2017 年 10 月	118. 52	130. 28	106. 55	2021 年 12 月	205. 12	236. 07	173. 61
2017 年 11 月	137. 52	149. 64	125. 18	2022 年 1—2 月	170. 21	188. 82	151. 27
2017 年 12 月	143. 11	160. 53	125. 37				

资料来源：中国海关月度进出口贸易数据。

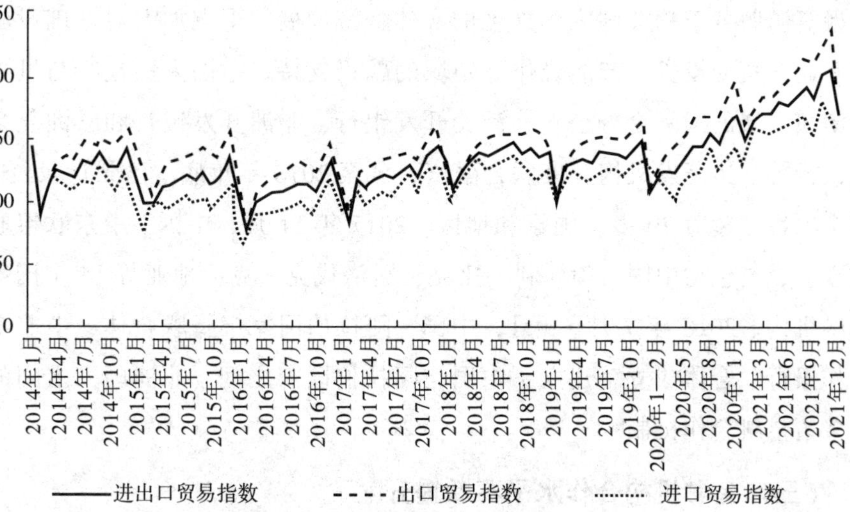

图 2-2 海上丝绸之路贸易指数

资源来源：宁波航运交易所。

四、资金融通及其成果

资金融通是“一带一路”建设的重要支撑。国际多边金融机构以及各类商业银行不断探索创新投融资模式，积极拓宽多样化融资渠道，为“一带一路”建设提供稳定、透明、高质量的资金支持。

（一）探索新型国际投融资模式

“一带一路”沿线基础设施建设和产能合作潜力巨大，融资缺口亟待弥补。各国主权基金和投资基金发挥着越来越重要的作用。近年来，阿拉伯联合酋长国阿布扎比投资局、中国投资有限责任公司等主权财富基金公司对沿线国家主要新兴经济体投资规模显著增加。丝路基金与欧洲投资基金共同投资的中欧共同投资基金于2018 年7 月开始实质性运作，投资规模达5 亿欧元，有力地促进了“一带一路”倡议与欧洲投资计划的对接。

（二）多边金融合作支撑作用显现

中国财政部与阿根廷、俄罗斯、印度尼西亚、英国、新加坡等 27 国财政部核准了《“一带一路”融资指导原则》。根据这一指导原则，各国支持金融资源服务于相关国家和地区的实体经济发展，重点加大对基础设施互联互通、贸易投资、产能合作等领域的融资支持。中国人民银行与世界银行集团下属的国际金融公司、泛美开发银行、非洲开发银行和欧洲复兴开发银行等多边开发机构开展联合融资，截至2018年年底，已累计投资100多个项目，覆盖70多个国家和地区。2017年11月，中国—中东欧银联体成立，成员包括中国、匈牙利、捷克、斯洛伐克、克罗地亚等14个国家的金融机构。2018年7月、9月，中国—阿拉伯国家银行联合体、中非金融合作银行联合体成立，建立了中国与阿拉伯国家之间、非洲国家之间的首个多边金融合作机制。

（三）金融机构合作水平不断提升

在共建“一带一路”中，政策性出口信用保险覆盖面广，在支持基础设施、基础产业的建设上发挥了独特作用；商业银行在多元化吸收存款、公司融资、金融产品、贸易代理、信托等方面具有优势。2021年，中国出口信用保险公司在贸易险项下为企业提供融资增信保额2213.3亿元人民币，同比增长22.5%。中国银行、中国工商银行、中国农业银行、中国建设银行等中资银行与“一带一路”沿线国家建立了广泛的代理行关系。德国商业银行与中国工商银行签署合作谅解备忘录，成为首家加入“一带一路”银行合作常态化机制的德国银行。

（四）金融市场体系建设日趋完善

“一带一路”沿线国家不断深化长期稳定、互利共赢的金融合作关系，各类创新金融产品不断推出，大大拓宽了“一带一路”建设的融资渠道。中国不断提高银行间债券市场的对外开放程度，熊猫债市场的深度与广度得到了进一步的丰富与拓展。熊猫债市场自2016年起进入高速发展阶段，从近3年来看，熊猫债整体规模稳步增长，发行主体日益多元化。2019年，新发行人参与踊跃，来自“一带一路”沿线地区、欧洲地区的境外发行人明显增加，共计发行21只熊猫债，发行规模达350.4亿元，占比近70%，引入主权机构葡萄牙、菲律宾以及国际大型金融机构法国农业信贷银行、意大利存贷款银行、大华银行等发行熊猫债。2020 年，受到新冠疫情等影响，新注册主体减少，仅引入亚投行一家国际开发机构发行人，但部分非金融机构已将熊猫债作为其主要融资渠道，如宝马和戴姆勒公司，年均发行规模近 100 亿元。2021 年，新冠疫情影响因素减弱，主权机构波兰、匈牙利重返熊猫债市场，国际开发机构亚洲开发银行、新开发银行已形成常态化发行机制，并引入澳门国际银行等新发行人，共计 22 个发行人共发行熊猫债 57 只，发行规模共计 856.50 亿元。

中国进出口银行面向全球投资者发行 20 亿元人民币“债券通”绿色金融债券，金砖国家新开发银行发行首单 30 亿元人民币绿色金融债，支持“绿色丝绸之路”建设，证券期货交易所之间的股权、业务和技术合作稳步推进。2015 年，上海证券交易所、德意志交易所集团、中国金融期货交易所共同出资成立中欧国际交易所。上海证券交易所与哈萨克斯坦阿斯塔纳国际金融中心管理局签署合作协议，共同投资建设阿斯塔纳国际交易所。

（五）金融互联互通不断深化

目前，已有 11 家中资银行在 28 个“一带一路”沿线国家设立 76 家一级机构，来自 22 个“一带一路”沿线国家的 50 家银行在中国设立 7 家法人银行、19 家外国银行分行和 34 家代表处。2 家中资证券公司在新加坡、老挝设立合资公司。中国先后与 20 多个“一带一路”沿线国家签署了双边本币互换协议，与 8 个“一带一路”沿线国家建立了人民币清算机制安排，与 35 个“一带一路”沿线国家的金融监管当局签署了合作文件。人民币国际支付、投资、交易、储备功能稳步提高，人民币跨境支付系统（CIPS）业务范围已覆盖近 40 个“一带一路”沿线国家和地区。中国—国际货币基金组织联合能力建设中心、“一带一路”财经发展研究中心挂牌成立。

五、民心相通及其成果

民心相通是“一带一路”建设的人文基础。享受和平、安宁、富足，过上更加美好的生活，是各国人民的共同梦想。9 年多来，“一带一路”沿线各国开展了形式多样、领域广泛的公共外交和文化交流，增进了相互理解和认同，为“一带一路”建设奠定了坚实的民意基础。

（一）文化交流形式多样

中国与“一带一路”沿线国家互办艺术节、电影节、音乐节、文物展、图书展等活动，合作开展图书广播影视精品创作和互译互播，丝绸之路国际剧院、博物馆、艺术节、图书馆、美术馆联盟相继成立。中国与中东欧、东盟、俄罗斯、尼泊尔、希腊、埃及、南非等国家和地区共同举办文化年活动，形成了“丝路之旅”“中非文化聚焦”等10余个文化交流品牌，打造了丝绸之路（敦煌）国际文化博览会、丝绸之路国际艺术节、海上丝绸之路国际艺术节等一批大型文化节会，在“一带一路”沿线国家设立了17个中国文化中心。中国与印度尼西亚、缅甸、塞尔维亚、新加坡、沙特阿拉伯等国签订了文化遗产合作文件。中国、哈萨克斯坦、吉尔吉斯斯坦“丝绸之路：长安—天山廊道的路网”联合申遗成功，“一带一路”新闻合作联盟（The Belt and Road News Network）建设积极推进。丝绸之路沿线民间组织合作网络成员已达310家，成为推动民间友好合作的重要平台。

（二）教育培训成果丰富

中国设立“丝绸之路”中国政府奖学金项目，与24个沿线国家签署高等教育学历学位互认协议。2017年，“一带一路”沿线国家共计3.87万人接受中国政府奖学金来华留学，占奖学金生总数的66.0%。中国香港、澳门特别行政区分别设立共建“一带一路”相关奖学金。在54个“一带一路”沿线国家设有孔子学院153个、孔子课堂149个。中国科学院在“一带一路”沿线国家设立硕士生、博士生奖学金和科技培训班，已培训5000人次。

（三）旅游合作逐步扩大

中国与多个“一带一路”沿线国家共同举办旅游年，创办丝绸之路旅游市场推广联盟、海上丝绸之路旅游推广联盟、“万里茶道”国际旅游联盟等旅游合作机制。与57个“一带一路”沿线国家缔结了涵盖不同护照种类的互免签证协定，与15个“一带一路”沿线国家达成19份简化签证手续的协定或安排。

（四）卫生健康合作不断深化

自第一届“一带一路”国际合作高峰论坛召开以来，中国与蒙古国、阿富汗等国，世界卫生组织等国际组织，比尔及梅琳达·盖茨基金会等非政府组织相继签署了56份推动卫生健康合作的协议。2022年8月26日，“丝绸之路健康论坛暨第三届‘一带一路’院士高峰论坛”在新疆乌鲁木齐召开。中国与澜沧江—湄公河国家开展艾滋病、疟疾、登革热、流行性感冒、结核病等防控合作，与中亚国家开展棘球蚴病、鼠疫等人畜共患病防控合作，与西亚国家开展脊髓灰质炎等防控合作。中国先后派出多支眼科医疗队赴柬埔寨、缅甸、老挝、斯里兰卡等国开展“光明行”活动，派遣短期医疗队赴斐济、汤加、密克罗尼西亚、瓦努阿图等太平洋岛国开展“送医上岛”活动。在35个“一带一路”沿线国家建立了中医药海外中心，建设了43个中医药国际合作基地。

（五）救灾、援助与扶贫持续推进

自第一届“一带一路”国际合作高峰论坛召开以来，中国向沿线发展中国家提供了20亿元紧急粮食援助，向南南合作援助基金增资10亿美元；在沿线国家实施了100个“幸福家园”、100个“爱心助困”、100个“康复助医”等项目；开展援外文物合作保护和涉外联合考古，与6国开展了8个援外文物合作项目，与12国开展了15个联合考古项目。中国向老挝等国提供地震监测仪器设备，提高其防震减灾能力。中国在柬埔寨、尼泊尔开展社会组织合作项目共24个，助力改善当地民众生活。

第二节 第二阶段：“双循环”枢纽

一、“双循环”的提出

2020年4月10日，习近平总书记在中央财经委员会第七次会议上提出，要构建以国内大循环为主体、国内国际“双循环”相互促进的新发展格局。

2020 年 5 月 14 日，中共中央政治局常委会提出“深化供给侧结构性改革，充分发挥我国超大规模市场优势和内需潜力，构建国内国际双循环相互促进的新发展格局”，之后“新发展格局”在多次重要会议中被提及。

2020 年 5 月下旬两会期间，习近平总书记再次强调，要“逐步形成以国内大循环为主体、国内国际双循环相互促进的新发展格局”。党的十九届五中全会通过《中共中央关于制定国民经济和社会发展第十四个五年规划和二〇三五年远景目标的建议》（简称“十四五”规划），“十四五”规划中特别指出，推动“一带一路”建设的高质量发展，深化国内外合作，推进战略、规划和机制的衔接，打造互惠互利的价值链体系。“一带一路”倡议是构建“双循环”格局的重要内容和抓手，这就意味着，将二者有机结合以指导国民经济和社会发展具有很强的现实意义。

自“双循环”新发展格局提出以来，习近平总书记在多个场合阐述“双循环”的意义和内涵，并指出“双循环”是我国基于当下发展阶段、环境和条件所提出的战略决策，关系到中国的系统性变革。“双循环”的新格局建设要融合“一带一路”倡议平台，二者相互影响、相互促进。

一方面，“一带一路”建设为“双循环”新发展格局的提出和建设提供了载体。“一带一路”是空间载体、要素载体和文化载体。通过“一带一路”的“五通”，“一带一路”沿线国家和地方已经达成了良好的政治互信，交通等基础设施相互连接，贸易和资金互通都为生产要素和产品提供了调剂余缺、优化配置选择。此外，“一带一路”沿线国家和地区文化跨度较大，这表现在从国内沿线省份到国外的沿线国家和地区，从横向来看涉及多民族和多元文化。“一带一路”倡议传承了古代丝绸之路的历史积淀，“一带一路”沿线国家和地区跨越历史变迁重启合作，从纵向上来看具有较大的跨度。

另一方面，“双循环”新发展格局对“一带一路”建设提出了新的要求。“一带一路”建设要在设施互通的基础上开展贸易和人员的交流，进一步升级为超越传统贸易模式、打破零和博弈、实现协调共赢的新思路。“一带一路”倡议从提出至今已经近 10 年，社会资本在政府的鼓励和引导下主动参与基础设施建设，而且以互补性传统贸易为主。虽然在一定程度上发挥了沿线国家和地区的比较优势，但是交流合作依然停留在基础设施共建、传统贸易上，未能基于产业链发展起相对独立循环的产业内贸易，构建起新的治理体系。

二、“一带一路”倡议在构建国内大循环中的作用

国内循环是“双循环”的主体，中国人口众多、市场广阔，对于拉动国民经济还有很大的潜力。“一带一路”倡议可以有效助推国内市场的生产、流通和消费循环。

（一）“一带一路”倡议可以激发国内市场的生产

作为制造业大国，我国有着强大的生产组织能力。“一带一路”倡议的出发点是同“一带一路”沿线国家建立友好关系，构建和谐的国际秩序，但在客观上会促进国内生产和建设能力的对外合作，保障和促进国内的生产能力。

随着中国同美国、澳大利亚等国家的贸易摩擦加剧，国内沿海地区的出口型企业面临着诸多的不确定性，生产的积极性受到了负面影响。与此同时，随着经济的发展，广大中西部地区也在积极地进行产业转移，具备了比以往更强的生产制造能力。从区域上说，中国的生产能力正在逐步提高。

此外，随着我国基础建设的逐步完善，大量的铁路、公路、桥梁、管道等领域的国有企业面临着工程量缩减的局面，亟须拓展新的发展空间。与此同时，伴随改革开放成熟起来的民营资本，已经形成了较大的体量，在国内发展的竞争压力较大，客观上也有拓展生存空间的需要。

“一带一路”倡议“五通”建设中，设施联通、贸易畅通和资金融通让国内的生产能力有了更加广阔的市场，从而有利于生产的稳定和提高。同时，国内资本也可以在响应国家号召、帮助合作伙伴的同时实现自身价值。

（二）“一带一路”倡议可以激发国内市场的流通

“一带一路”倡议的重点在于开展设施联通建设，提高沿线地区的交流合作。“五通”不仅是对外的，而且是对内的。国内不同地区之间的相互联通是中国与沿线国家和地区进行交流的基础，以国内不同地区的相互沟通为基础，从而形成对“一带一路”沿线国家和地区的畅通交流。

设施联通是产品和要素流通的基础条件。国内产品市场的流通已经比较成熟，但要素市场的流通尚有诸多障碍。人力、技术、资金和资源流动不畅是造成东西部差距的重要原因。"一带一路"倡议为中西部提供了一个面向中亚到西方世界的窗口，通过完善基础设施，提供政策优惠等方案，有利于吸引资金、技术和人力向中西部聚集，促进国内要素市场的流通。

（三）"一带一路"倡议可以激发国内市场的消费

"一带一路"倡议注重民心相通的发展，文化旅游项目等大大促进了中国同"一带一路"沿线国家的交流和合作，刺激了国内市场的消费。从已有的研究可以发现：①"一带一路"倡议可以显著地促进中国居民家庭的消费升级，在居民家庭保健消费支出方面的促进作用尤其明显。但是，"一带一路"倡议对家庭消费升级的促进还具有一定的异质性，它促进了城镇家庭的居民消费从生存型向享受型转变，有效降低了农村居民家庭的食品消费支出。②"一带一路"倡议有效地促进了我国的留学教育消费。根据教育部数据，2018 年共有来自 196 个国家和地区的 49. 21 万人来华留学，比 2010 年增长了 85. 7%，这也使我国从留学生的传统流出国转变为大型接收国。我国出国留学的人口达到 66. 21 万，其中，自费留学的人数约 60 万，向世界各国贡献了约 1800 亿元留学费用。在出国留学方面，中国境内外还存在较大的逆差。③"一带一路"倡议的实施带动了中国同中亚、俄罗斯等国家和地区的能源合作，有利于保障和促进我国的能源消费。王双英（2022）的研究表明，外国直接投资和研发经费的内部支出、贸易规模和产业结构等会对我国的能源消费产生正向的促进作用，而倡议的政策、人口规模和城镇化对能源消费问题具有显著的负向作用。

（四）"一带一路"可以有效地整合内部市场

改革开放以来，我国东部沿海的珠三角、长三角以及京津冀地区凭借区位优势和政策优势率先进行经济试点建设，进入了高速增长的通道，也带动了中国经济的高速增长。先富地区的持续高速增长吸收了广大中西部地区大量的劳动力和储蓄，导致了先富的东部地区与还未实现后富的中西部地区之间的差距越来越大。2000年以后，我国先后实行了西部大开发、中部崛起和东北老工业基地振兴等发展战略，以期欠发达地区能够紧跟“先富”实现“后富”，最终实现共同富裕。在多项举措的支持下，我国的区域协调程度得到了提高（盛来运等，2018），但是，在区域发展新格局下，全国经济重心进一步南移，因此，传统的东中西区域差异和协调发展已经转变为南北差距和协调发展的重大问题（许宪春，2021；杨明洪等，2021）。虽然高质量发展的理念在一定程度上淡化了以经济增长为核心的地方发展方式，但区域间的竞争依然存在，要素在区域间的配置受经济发展水平和政府引导存在显著的不均衡性，也导致了区域差距的客观存在并且在短期内难以根除。

“一带一路”建设契合了区域协调发展的基础性条件，具体表现为以下几点。

1. “一带一路”倡议致力于基础设施联通

便利的交通设施使得国内外沿线地区广泛而又紧密地联系起来，这一连接有效地促进了人流和物流的畅通，打破了区域间由于交通不畅所形成的市场分割，为市场和政府发挥资源配置功能提供了通道服务。

2. 贸易畅通促进了国内产品市场的统一化

东部地区基础制造业优势所生产的服装、家具等消费品通过“一带一路”倡议所构建的平台流向广大中西部地区，乃至中亚、欧洲、非洲诸国。仅从国内市场来看，“一带一路”倡议将以往的出口拓展至内销，对广大沿海地区保持和持续提高制造生产优势具有重要意义，对制造业向中西部地区的转移也起到了铺垫作用。中西部地区的特色农产品、文化产品经由设施联通也走向了发达地区，实现了经济价值，在帮助落后地区发展的同时传播了中西部地区的影响力。国内东中西部地区和南北方在“一带一路”倡议平台上开展贸易合作，有利于进一步实现产品市场的统一。

3. 资金融通和民心相通促进了要素市场的统一化

“一带一路”倡议是一个综合各项要素的国际合作大平台，除经贸合作外，还包括资金往来、文化交流等各个方面。近10年来，我国在推动“一带一路”建设上做了大量基础性工作，“五通”方面的成功铺垫对国内形成统一的资本、人力的要素市场具有重要的推动作用。

总体来看，“一带一路”倡议基于“五通”取得了丰硕的成果，也为“一带一路”倡议迈向更高水平的发展提供了基础，为构建国内大循环创造了良好的前提条件。

三、“一带一路”倡议在构建国际大循环中的作用

以开放的姿态与时俱进，实现国富民强，来自改革开放40余年来的成功经验，也来自明清晚期的惨痛教训。将作为基本国策的改革开放与构建人类命运共同体的“一带一路”倡议建设相融合，是中国基于本国国情和当前时局做出的重要判断，所涉及的国际循环构建是其中的重要命题。基于比较优势理论下的产业链、供应链、价值链、创新链已经将中国与其他国家和地区连接成一个复杂网络，而作为关键一环的中国，其国际循环是国内循环的补充和延伸，二者从本质上是一体的，不可分割。

（一）“一带一路”倡议可以促进国际大循环保障生产

中国是制造业大国，凭借着生产资料丰富、人力资源充足和物流体系便利等条件成为世界工厂，在促进中国经济增长、吸收就业人口方面起到了举足轻重的作用，对世界经济发展和社会运行也有不可或缺的影响。

表2-3　中国2014—2021年的制造业出口①　　单位：亿元

年份	化学成品及有关产品	机械及运输设备	杂项制品
2014	4987.64	40841.29	24871.49
2015	8038.90	66215.52	36563.57
2016	8162.52	65580.79	36013.71
2017	9610.31	73416.35	37635.97

① 制造业商品是包括在国际贸易标准分类（STC）中的第5部分（化工产品）、第6部分（基础制造业产品）、第7部分（机械和运输设备）以及第8部分（其他制造业产品）中的商品，其中不包括第68类（有色金属）商品。

续表

年份	化学成品及有关产品	机械及运输设备	杂项制品
2018	11072.71	79926.42	37849.42
2019	11151.68	82519.77	40392.69
2020	11758.60	87347.03	40584.78
2021	17082.42	104753.64	49168.99

资料来源：Wind 数据库、海关总署。

从表 2-3 中可以看出，我国的制造业出口持续增长，结合我国的出口数据可知，制造业出口的占比也越来越高。从世界银行公布的制造业出口数据来看，从 1992 年开始，中国制造业出口占商品出口的比重（以下简称制造业出口）就已经超过美国，并于 1998 年超过德国，2005 年与日本持平。从 2006 年开始，中国制造业出口一直占据着世界第一的位置，是当之无愧的制造业生产及出口大国。2020 年，中国、日本、德国制造业出口分别为 93.5%、86.1%、84.9%，中国的制造业出口优势依然比较明显。近 10 年来，中国规模以上制造业增加值的平均值为 21 万亿元，占国内生产总值比重的平均值为 28.8%，对 GDP 的贡献十分显著。

庞大的制造业规模是我国就业的重要保障。根据国家统计局公布的数据，2020 年，制造业就业人员为 3805.5 万人，占全国就业人员的 5.1%。从近 10 年的制造业劳动力吸纳上看，制造业带动的就业人口约为 6%，对国内就业市场的稳定具有重要意义。

与此同时，国际市场还是我国能源、矿石、芯片、操作系统和粮食等重要产品的提供方。根据 SITC 分类的 2001—2021 年的贸易差额（见表 2-4）来看，除按原料分类的制成品、机械及运输设备和杂项制品外，我国其他商品均面临着巨额的进口依赖。就连食品饮料都在近年出现了大量的逆差。生皮、橡胶、软木等非食品性原料，原油、天然气、矿物能源等能源资料都是我国进行生产和消费的必不可少的原材料。保障国际大循环的顺利运转，就是保障国内生产的顺利运行，因此，国际大循环是国内循环不可或缺的一环。

表 2-4　2001—2021 年我国贸易差额

单位：千亿美元

年份	食品及活动物	饮料及烟类	非食用原料（燃料除外）	矿物燃料、润滑油及有关原料	动植物油、脂及蜡	化学成品及有关产品	按原料分类的制成品	机械及运输设备	杂项制品	未分类的商品及交易品
2001	78.19	4.62	-179.35	-89.92	-6.53	-186.80	19.40	-118.60	720.42	-10.50
2002	93.95	5.98	-183.31	-109.32	-15.26	-237.04	44.85	-101.26	813.96	-9.16
2003	115.82	5.28	-290.97	-181.31	-28.90	-294.08	51.42	-51.46	931.23	-3.26
2004	97.15	6.65	-494.63	-335.19	-40.61	-393.25	267.22	161.52	1063.66	-4.18
2005	131.04	3.96	-626.14	-464.82	-30.98	-419.51	480.15	617.73	1333.60	-3.98
2006	157.55	1.52	-750.85	-712.00	-35.88	-425.37	879.10	990.33	1667.16	3.75
2007	192.65	-0.06	-1086.38	-847.07	-70.42	-471.10	1171.59	1638.18	2094.39	-2.86
2008	187.19	-3.90	-1548.77	-1373.80	-99.19	-398.50	1547.17	2313.07	2370.42	-27.09
2009	177.90	-2.87	-1317.50	-1027.10	-73.18	-499.92	772.27	1822.28	2145.35	-16.53
2010	195.98	-5.26	-1988.61	-1616.54	-83.85	-620.24	1181.59	2308.41	2643.55	-169.69
2011	217.54	-14.10	-2700.54	-2410.88	-105.84	-663.43	1694.34	2714.25	3318.96	-471.79
2012	167.46	-18.11	-2553.17	-2805.14	-119.91	-657.07	1874.16	3120.65	3992.11	-673.34
2013	140.60	-18.99	-2713.57	-2806.15	-97.62	-706.85	2123.15	3297.21	4423.99	-1028.15
2014	120.96	-23.32	-2555.77	-2824.09	-78.75	-592.66	2278.80	3456.09	4825.23	-805.33
2015	77.10	-24.64	-1974.69	-1704.59	-68.41	-417.81	2581.71	3781.77	4539.10	-772.97
2016	120.11	-25.56	-1875.40	-1478.73	-61.52	-401.14	2397.12	3327.21	4184.49	-715.24
2017	84.35	-35.59	-2440.11	-2104.54	-68.65	-520.43	2377.58	3487.09	4206.31	-605.77

续表

年份	食品及活动物	饮料及烟类	非食用原料（燃料除外）	矿物燃料、润滑油及有关原料	动植物油、脂及蜡	化学成品及有关产品	按原料分类的制成品	机械及运输设备	杂项制品	未分类的商品及交易品
2018	6.90	-39.54	-2544.99	-3002.81	-67.23	-553.80	2570.79	3709.47	4290.22	-698.60
2019	-157.40	-41.84	-2665.58	-2965.88	-82.31	-570.51	2677.50	4106.18	4412.63	-418.85
2020	-346.09	-37.37	-2786.87	-2349.83	-92.47	-442.66	2663.72	4307.89	4399.54	58.67
2021	-528.32	-48.76	-3989.68	-3572.85	-122.46	6.27	3316.54	6126.63	5906.18	-199.81

资料来源：Wind 数据库。

（二）“一带一路”倡议可以促进国际大循环流通

“五通”建设不仅促进了沿线国家和地区间人流、物流的流动，对资金流、信息流的流通也具有重要的促进作用，广泛而又深刻地影响了沿线国家和地区的社会经济发展与人民生活水平的提高。具体来看：

1. “一带一路”倡议促进了沿线国家和地区的贸易流通

“一带一路”倡议提出近10年来，沿线国家和地区的贸易总量逐渐加大，贸易领域和格局也呈现出多样化。贸易将国内外的产品和要素市场联系起来，使其流通速度和效率提高，从而促进了“一带一路”沿线国家和地区的发展。

2. “一带一路”倡议促进了沿线国家和地区的人员流通

自“一带一路”倡议提出以来，我国与“一带一路”沿线国家和地区的旅游人数和教育留学人数都有了较为显著的增长，贸易往来伴随着大量的商旅交流，而人员的流通又为要素市场和产品市场的流通增加了更多的活力，创造了更多的可能性。

3. “一带一路”倡议促进了人民币的国际化

自“一带一路”倡议提出以来，中国在“一带一路”沿线国家和地区的双边货币金融合作不断深化。自2008年以来，我国先后与越南、俄罗斯、哈萨克斯坦等9个国家签署了双边本币结算协议，与俄罗斯、印度尼西亚、土耳其等23个国家签署了双边本币互换协议。随着人民币加入特别提款权（SDR）货币篮子，越来越多的“一带一路”沿线国家（如韩国、新加坡、菲律宾、印度尼西亚等）将人民币纳入外汇储备。2019年，中国与周边国家跨境人民币结算金额约为3.6万亿元，同比增长18.5%，其中，货物贸易项下人民币跨境结算金额合计9945亿元，同比增长15%；直接投资项下人民币跨境结算金额合计3512亿元，同比增长24%。与“一带一路”沿线国家办理人民币跨境收付金额超过2.73万亿元，同比增长32%，其中，货物贸易收付金额为7325亿元，同比增长19%；直接投资收付金额为2524亿元，同比增长12.5%。人民币已与马来西亚林吉特、新加坡元、泰铢等9个周边国家及“一带一路”沿线国家货币实现了直接交易，与越南盾、柬埔寨瑞尔、印度尼西亚卢比 3 种国家货币实现了区域交易。

（三）“一带一路”倡议可以促进国际大循环保障消费

结合表 2－4 可知，我国在食品、饮料、能源以及技术类产品方面均存在严重的进口依赖，“一带一路”倡议有助于我国营造良好的供给环境，保障国内消费的正常运行。

1. 粮食安全方面

我国人口众多，是粮食消费大国。近年来，随着生活水平的提高，人民对食品的需求更加多元化。从传统的小麦、大米等基础的粮食需求升级到更加丰富的牛肉、牛奶以及低脂油料等优质蛋白需求。近年来，我国在粮食和饮料等方面出现大量的贸易逆差，也可以充分反映出人民对粮食需求总量和结构变化。而“一带一路”沿线的乌克兰、土耳其等国都是重要的粮食生产国，其粮食生产和畜牧产品都是保障我国居民生活消费的重要来源。

2. 能源安全方面

我国“多煤、少油、贫气”的能源结构无法满足 14 亿人口和超百万亿元的经济体量需求，需要大量进口油气资源。而传统的油气资源在供应上存在着较多的风险因素，比如天然气方面，2021 年，我国进口澳大利亚液化天然气 3110 万吨，居全球第 1 位，月均 259 万吨；单价为 492. 44 美元/吨，折合人民币 3102 元/吨。2021 年美国是我国第二大液化天然气进口来源国，进口量达 898. 3 万吨，月均近 75 万吨；总金额为 62. 28 亿美元，折合人民币 4369 元/吨。2021 年进口俄罗斯液化天然气 451 万吨，排在第 6 位，月均 37. 5 万吨；总金额为 27. 63 亿美元，折合人民币 3859 元/吨。澳大利亚是我国液化天然气的最大提供国，近年来，受贸易摩擦影响，这一供应因素存在较大的风险。而由于和美国缺少长期的天然气协议，导致中美之间在天然气方面的交易受国际局势和价格波动的影响，存在较大的风险因素。而“一带一路”沿线国家的俄罗斯、哈萨克斯坦等国家和地区拥有丰富的石油和天然气资源，对保障我国的能源消费具有重要的战略价值。

第三节 第三阶段：高水平市场经济与高水平对外开放的着力点

一、“一带一路”倡议与高水平市场经济建设

“一带一路”倡议连接国内、国外两个部分，其中，国内部分涉及高水平市场经济的建设，也只有建设高水平的市场经济，才能有效地促进国内大循环的顺利进行，支撑起国际循环的进一步展开。高水平市场经济是在中国特色社会主义市场经济的基础上结合高质量发展观形成和发展起来的理念。高水平的市场经济需要发挥“有效市场”和“有为政府”的双重力量，对资源、产品和财富进行配置，实现社会效用的最大化。

从市场配置资源来看，高水平市场经济主要涉及三个方面（洪银兴，2018）：进入市场的要素、要素的供求双方、市场秩序。高水平的市场经济也即上述三个方面的高水平。在“一带一路”建设过程中，开展高水平市场经济建设，需要在产权制度以及要素市场方面持续深化。

（一）建设“有效市场”

1. 建设统一要素市场

随着中国特色社会主义市场经济的不断发展，成熟的商品市场和商品定价机制已逐渐形成，市场在资源配置中的决定性作用进一步增强。然而，目前我国要素市场发展仍不充分，市场经济基础性制度仍有完善空间，需要进一步推进产权制度改革、完善市场准入和公平竞争等制度，构建统一开放的要素市场，筑牢社会主义市场经济有效运行的体制基础。

统一开放的要素市场构建与要素价格改革应以要素市场化配置为改革重点，建立统一开放的要素市场体系，针对不同类型要素的特征来健全要素市场化配置机制，激发市场主体的积极性，提高各类要素的配置效率。

（1）土地要素

土地是人类所有经济活动的空间基础，建立统一开放的要素市场，首先要考虑土地要素的市场化改革。土地市场改革不仅是一个要素配置问题，还是一个技术问题、一个发展战略问题。

当前，土地市场存在的问题主要在于城乡二元机制和耕地红线，而本质问题还是耕地红线问题。因为要保障 14 亿人口的粮食安全，才要坚守 18 亿亩耕地的红线，但大量耕地以家庭为单位进行分散式经营与管理。随着社会经济的发展，碎片化的农业生产方式效率低下、利润不高，严重打击了农民生产的积极性，人民生活水平提高对多元化农业产品的需求也更加突出。土地流转呼声越来越高，但是，凡是不以粮食安全和农民增收为前提的土地要素市场流通设计，都是不可持续的。

“一带一路”倡议将视角转向广大中西部地区，乃至广大的中亚地区。随着生产力的提高，采用现代农业的生产方式，可以将原来不可利用的土地进行规模化开发和利用。与中亚和俄罗斯在农业方面的长期合作协议也可以为国内粮食安全提供实际有效的土地供应。有效耕地的开发、现代农业人口的培育、产业转移吸纳剩余农业人口才是土地要素实现全面流通的重要保障。基于此，要在坚持土地要素公有制的基础上，继续完善统一的城乡建设用地市场、匹配商业用地供需、支持农用土地要素市场与相关配套机制的有效运转，实现土地要素的自主有序市场化配置。

（2）劳动力要素

劳动力要素市场不统一的根源在于公共服务的非均衡性配置。在当下的城乡户籍制度约束下，农村和城市在就业、教育、医疗和社会保障方面存在巨大的差距，这种差距甚至在不同城市之间也普遍存在。为寻求工作机会所造成的农村人口候鸟似的迁徙成为中国特殊的景观，在促进经济发展的同时也导致了一系列的社会问题。互联网发展促进了信息的流通，劳动力快速地追随就业机会并综合考量教育、医疗和社会保障等因素进行流动。

因此，劳动力市场的统一开放在于产业转移中的就业机会创造以及提供统一而又更加公平的教育、医疗和社会保障服务，将东部发达地区的劳动密集型产业向广大中西部人口大省转移，可以有效地减少其劳动力外流，同时促进本地农业人口的就地工业化。而农业人口就近工业化是土地流转和现代农业的重要条件。“一带一路”建设是一个将经济发展蛋糕做大的平台，也是一个经济发展蛋糕重新分配的平台。

（3）资本要素

国内的资本市场统一性建设已经相对完善，但在层次上还不够丰富，主要表现在两个方面：一方面，以银行为主的间接融资体系导致了资本风险偏好过低。产业基金、金融衍生品等较少，市场上收益要求高、风险承受能力强的资金缺乏投资渠道，与新兴产业和创新型企业之间缺乏信息互通，在一定程度上也导致了我国创新型产业和企业对财政补贴的依赖。另一方面，是对长尾客户的忽略。目前，金融体系主要为大型企业和机构服务，对个人和广大农村的消费和投资需要重视不足。农村金融发展是促进农业发展，推进城乡融合的重要方式。随着互联网金融的发展，这一问题得到了有效的缓解，但信用体系在低收入人群的建设还不完善，金融科技难以在长尾端发挥效用。建立统一开放的资本要素市场有两个重要前提：一方面，是发展多层次的资本市场，破解重银行、轻市场传统观念所导致的企业利息负担重、社会杠杆率高等难题，鼓励股权融资，形成债权、股票、基金、期权等多层次的资本市场。另一方面，要规范资本要素市场配置行为，引导资本支持实体经济，防范系统性金融风险。

“一带一路”建设前期尚较为依赖财政投资，但亚投行、丝路基金等金融机构的成立以及对沿线国家和地区进行投资对风险承受能力较高的产业基金起到了良好的示范作用。“一带一路”倡议所构建的平台从我国的中西部地区向中亚国家和地区延伸，对资金互通、创造多层次资本市场、促进资本要素市场的统一具有重要意义。

（4）数字要素

数字经济时代，数据成为“新石油”，算力成为“新基建”的重点，算法则成为“新内燃机”，数据要素已经成为数字经济的核心战略资源。作为生产要素，数字与传统的经济增长理论中的要素有所出入，这是因为数字与知识、技术具有一定的联系，将其独立地作为生产要素对待无法充分地排除生产要素之间形成的同质性交叉。但从社会经济发展的现实情况来看，数字不同于技术概念，而是一种更加基础性的生产条件。贵州省作为数字经济的发展试点，也展现出了不同以往的活跃程度和创造力。无论数字如何定性，及时地对数据进行权益确认和价值评估，通过区块链技术在保障数据安全的前提下进行数据的交流共享，成为当下需要破解的重要命题。

自“一带一路”倡议提出以来，以电子商务、移动支付为代表的数字经济在贸易往来和人员交流方面发挥了重要作用。中国企业基于数字经济的经验和优势，与沿线国家和地区广泛地开展合作，促进了当地的经济发展，也提高了人民生活的便捷程度。在努力推进经济发展数字化的同时，政府服务的数字化也在快速发展。伦晓波和刘颜（2022）的研究表明，数字政府的建设有利于市场配置作用更好地发挥，从而激发数字经济的潜力，进而促进绿色技术的发展。从“一带一路”沿线国家的发展经验来看，高收入国家比低收入国家更多地投入了数字政府的建设，也获得了更高的回报。

2. 完善价格机制的调节作用

健全要素价格市场决定机制也是要素市场化改革的重要内容。相比商品市场价格机制，目前国内要素市场价格机制尚不健全，配置效率较低，要素市场价格发现能力较差，导致许多要素价格扭曲。健全要素价格市场决定机制，要进一步加大对自然资源、垄断行业的价格改革，完善由市场决定反映要素供求状况的价格机制。

自“一带一路”倡议提出以来，我国高度重视市场价格监管与反垄断工作。2017 年，成都市发展改革委、西安市物价局、西宁市发展改革委、兰州市物价局、银川市发展改革委及乌鲁木齐市发展改革委的分管领导、价格监督检查与反垄断局（所）负责人等齐聚一堂，正式签署《共建“一带一路”城市市场价格监管与反垄断执法区域合作机制协议》。“一带一路”倡议在坚持以市场为基础进行价格机制建设，确立竞争政策的基础地位上作出了重要贡献。此外，“一带一路”倡议在农产品价格、能源价格以及其他大宗商品价格方面也做出了系统规划，进一步落实和完善了价格机制的调节作用。

3. 深化利率和汇率制度改革

利率和汇率的市场化改革对资本要素市场建设和人民币国际化具有重要的意义。利率的调整会使国内资本在产业间和区域间发生流动，同时会改变国与国之间的利差和相对资产价格。如果资本的流动不受限制，利率变动会使资本在国内外进行再配置。自“一带一路”倡议提出以来，我国货币政策的溢出效应十分显著。当我国采用数量型货币政策进行货币扩张时，会在短期内促进沿线国家的经济增长，但长期下来对经济增长的正面影响将转为负面影响。而采用价格型工作降低利率时，会持续地促进“一带一路”沿线国家和地区的经济增长，并且这一效果要比数量型货币政策更好。货币政策变动会通过国内经济行为的变化引发国际收支的变化，导致本外币之间的汇率发生变动，而汇率的变动又会进一步影响两个国家的贸易和投资行为。因此，利率和汇率改革是资本在国内和国际自由流动的重要条件。“一带一路”建设有利于利率和汇率的市场化改革，推动高水平市场经济的建设，促进人民币国际化进程。

4. 完善产权制度

明确的产权有利于市场配置的有效运行，在公有制为主体、多种所有制并存的所有制体系下，对产权制度的确认和改革对于建设高水平的市场经济尤为重要。目前，产权制度的核心为农村土地产权、自然资源产权、知识产权和数字要素产权等几个产权不明晰或面临重大变革的领域。明确的产权制度是要素面向市场进行资产定价和流通的前提条件，也是高水平市场经济构建丰富和多层次要素流通体系的重要保障。

（二）打造“有为政府”

2008 年，世界银行的两位诺贝尔奖获得者罗伯特·索洛和迈克尔·斯宾塞牵头组织 30 位来自发展中国家、有理论基础并且有丰富实践经验的专家、学者，组成了一个增长委员会。增长委员会研究发现，第二次世界大战以后，有 13 个经济体实现了每年 7% 或者更高的经济增长速度，维持了 25 年或者更长的时间。自 19 世纪末以来，以美国为代表的发达国家长期的增长速度大约是3%，如果发展中国家实现了7%或者更高的速度增长，就代表它的经济增长速度比发达国家高两倍多，如果维持25年或更长时间，就可以大大缩小与发达国家的差距。

增长委员会认为，这13个经济体有五个共同特征：第一，它们是开放经济，它们用世界上先进的技术、理念来生产世界所需要的产品，也就是利用它们的比较优势来生产，利用后发优势来发展。第二，它们都实现了宏观经济的稳定。第三，它们都有高储蓄率和高投资率。第四，它们都是市场经济，或者是走向市场经济的国家。第五，它们都有一个积极的、有为的政府。

1. 制度设计与政策制定

（1）制度设计

党的十九届四中全会将所有制、市场经济体制和收入分配制度定义为基本经济制度，对三项制度的理论和实践探索丰富和完善了中国特色社会主义制度，对发展国内经济、实行改革开放具有重要的指导意义。

产权制度改革主要涉及三个方面，分别为：①产权尚不明晰的领域，如数字要素产权、生态资源产权等；②面临重大变革的领域，如农村土地产权、宅基地产权、矿产资源产权等；③持续深化的领域，如知识产权等领域。产权制度是市场配置发挥作用的约束规则，如果规则缺失或者落后，则造成该领域的要素无法市场化配置，从而造成要素阻滞生产、市场运行不畅的局面。

政府是基础制度和产权制度的设计者，是市场发挥基础性配置功能的裁判方。在已有的产权制度改革的基础上，党的十九大提出完善产权制度是要突出产权的有效激励功能。这里的激励主要是指所有权、收益权所带来的收入激励。从社会经济的发展历程来看，重视产权以及产权给所有人和权益人的物质激励可以促进生产的积极性，从而促进经济效率的提高和经济增长。因此，产权制度是政府制度设计中的重要职能，也是市场配置资源的重要条件。

（2）政策制定

①产业政策

经济发展中的不同产业处于不同的周期，如果仅靠市场的资源配置和价格调节，产业的成长和退出都将是十分缓慢的，而能源资源类产业所产生的外部性问题也将难以解决。因此，有为政府制定的相应的产业政策，对产业的发展和市场的运行具有重要的指导作用。林毅夫运用新古典经济学的边际分析法、基础比较优势理论构建的新结构经济学对我国的产业政策进行了详细论述。运用新结构经济学对“一带一路”倡议中所开展的产业布局规划进行分析，可以基于比较优势，将我国的现有产业和国际前沿差距划分为五种类型，进而制定不同的产业政策。

第一种为追赶型产业，也即我国的汽车制造业、高端装备制造业和高端材料业等。对于追赶型产业，政府和金融机构要在资金融通方面进行适当支持，以保障企业的技术创新和产业升级。“一带一路”建设为我国提供了相比以往国际贸易更加广阔的空间，企业在技术引进以外通过在海外设立研发中心、兼并重组等方式进行技术积累，大大提高了企业的研发水平。

第二种为领先型产业。我国在白色家电、高速铁路、造船、桥梁建造等方面已经达到了国际领先水平，具备持续的技术领先实力。“一带一路”倡议将我国的合作对象拓展至广大中亚及非洲地区，我国的领先产业可以走出国门，通过开发国际市场强化自身地位，促进合作地区的经济发展。

第三种为退出型产业。在我国，小规模低效率的煤炭开采、高污染高能耗的建筑材料企业都是典型的退出型产业。在“双碳”目标的约束下，只有依靠有为政府采取行政手段，以壮士断腕的决心，才能推进退出型企业的市场退出。但值得注意的是，劳动密集型产业曾被误认为是退出型产业，在我国劳动力上升、产业政策调整的背景下，很多劳动密集型企业迁至东南亚，使我国的中部人口大省错失了大量的承接产业转移的机会。“一带一路”倡议的提出进一步拓展了我们对退出型产业的认识，我们可以将在我国失去比较优势的产业布局在“一带一路”沿线国家和地区，在引导国内资本“走出去”的同时，促进沿线国家和地区的发展。

第四种是弯道超车型产业，如新能源、数字经济产业。这些产业中蕴含着大量的发展机会，但是前期投资较大，企业的创新成本较高。政府对相关产业进行定向的支持，将极大地促进新兴产业的崛起。

第五种是战略型产业，如国防和超级计算机产业。关系到国家安全，难以市场化，或者市场化的运行成本较高，政策倾斜和补贴对于该类型的产业尤为重要。

②区域政策

区域是人类社会经济活动的空间载体，保持区域之间的动态平衡有利于经济的长期增长和社会安定。我国的区域经济不平衡主要表现在东中西部的平衡以及南北方的不平衡，这种不平衡给我国的社会发展带来了一系列问题。为此，我国相继提出了西部大开发、中部崛起和东北老工业基地振兴等一系列方案和措施；为促进东中西部的协调发展，也提出了长江经济带和黄河经济带等战略举措，为缩小东中西部差距和南北方差距做了大量的工作。但是，单纯的内部策略无法彻底扭转西部劣于东南沿海在外向型经济方面的区位条件，东南沿海依然是改革开放的沿线，在生产要素向东南沿海集聚的趋势下，难以从根本上解决东中西部差距和南北方的差距，区域差距反而会越来越大。开展“一带一路”建设，将中西部地区直接推向与中亚乃至整个西方诸国的合作前沿，赋予中西部发展重大的历史机遇，中西部至此才有了和东南沿海相对等的发展平台和历史机遇，区域间的协调发展才真正具有了可能性。

③财税政策

财税政策是政府进行社会经济管理的重要方式，作为中国与世界合作的平台搭建，涉及大量的基础设施建设和企业参与，因此，“一带一路”建设中财税政策主要涉及三个方面：前期平台的搭建，“五通”建设中的基础设施联通需要大量的财政资金支持；减税补贴，基于“五通”平台对相关企业进行补贴和减税有利于调动企业参与的积极性；基于不同的社会文化背景开展的财税规则研究有利于政府和企业在实践中进行衔接。

2. 国有企业参与

坚持以公有制为主体、保证国有经济的主导地位是中国共产党执政的经济基础与社会基础，是实现全体人民共同富裕的制度保障。国有企业是有为政府在经济中的代言人，直接参与经济建设。在“一带一路”倡议中，涉及大量的交通等基础设施建设以及资源开发项目，具有典型的投资规模大、回报周期长、投资风险高等特点，是民营企业所难以支撑起来的。比如，在交通设施中，“六廊六路多国多港”（“六廊”是指中蒙俄、新亚欧大陆桥、中国—中亚—西亚、中国—中南半岛、中巴、孟中印缅国际经济合作走廊；“六路”是指铁路、公路、水路、空路、管路、信息高速路互联互通路网；“多国”是指选取若干重要国家作为合作重点；“多港”是指构建若干海上支点港口）的建设框架思路。这是国家推进“一带一路”建设的“主骨架”，是国有企业积极融入“一带一路”建设的路线图。

此外，国有企业混合所有制改革在保持国有经济主导权、维持社会主义基本制度不发生改变的前提下，积极引入了各类市场投资主体，使得国有企业股权多元化。因此，继续推行国有企业混合所有制改革具有多方面的意义。首先，国有企业混合所有制改革可以将国有企业与其他所有制企业的优势结合起来，增强国有企业的活力，放大国有经济对非公有制经济的辐射功能与带动作用，是实现做强做优做大国有经济的重要方式之一。其次，新时代下中国国情有了新的变化，社会资金财富积累到了一定程度，不仅要求以国有企业为代表的国有经济做强做优做大，还要求国有资本能够以安全的形式保值增值，推进国有企业混合所有制改革、增强国有企业竞争力有利于保障国家主权投资基金的稳定。再次，国有企业混合所有制改革也有利于赢得国际社会认可，促进国有企业“走出去”战略和“一带一路”倡议的实施，从而在“逆全球化”态势下维护中国在全球产业分工体系中的地位。最后，区别于国外“混合经济”概念所具有的暂时缓解资本主义矛盾的过渡性质，中国国有企业混合所有制改革是主动适应社会主义初级阶段生产力发展的历史要求与社会主义市场经济体制改革的需要，是进一步巩固社会主义公有制的重要措施，是社会主义经济制度的重要实现形式。

3. 提供公共服务

公共服务是社会经济发展的重要条件，但由于其具有较强的外部性，难以通过市场直接获取。交通、通信、能源供应、教育和医疗等领域都是具有显著外部性的领域，前期的发展离不开政府的支持。当民营经济对具有公共品特性的通用技术不愿投入大量资金进行创新或者对价值链顶端的技术缺乏创新能力时，就需要国有经济介入这些关键领域，利用自身的政治资源、组织规模与技术整合优势坚定不移地投身于高精尖技术和关键领域的长期创新，弥补民营企业只关注和投资较为成熟的技术的缺点。相比国有经济承担的国家创新突破的重担、拥有的国内一流人才和丰富的科研资源，目前国有经济的科技创新水平与能力还有待进一步提高。尤其是国有经济在重大创新技术突破方面，在新经济、新产业、新业态的引领方面以及数字经济技术开发与智能经济领域的支撑和引领方面，都应当发挥更大作用。国有经济布局不仅要注重增强中国整体创新力，而且要注重质的突破、正的外部性，提升中国经济整体创新力。

此外，国有经济布局还应注重增强控制力、影响力和抗风险能力。同非公有制经济大多在竞争性行业、以获取利润为目标不同，国有经济主要处于自然垄断性行业，更加注重公益目标与国民安全。国有经济布局应当考虑不同行业、不同的战略和功能定位，根据国有企业的不同属性进行结构性改革。对于提供公共基础设施和涉及国计民生的自然垄断性行业，国有经济应当继续发挥主导与控制作用，增强抵抗风险的能力。对于一般竞争性行业，国有经济应当适度退出。虽然国有经济一直在积极进行布局优化与结构调整，但仍然存在布局不够集中导致其控制力、影响力、抗风险能力削弱的问题。究其原因，地方国有企业小而散、多而杂，产业结构趋同，造成了重复建设和资源利用不合理问题。解决地方国有企业带来的布局不集中问题，就需要破除国有经济隶属关系的“条块分割”，加强国有经济布局政策的整体性与系统性，让国有经济产生聚合效应，从而在国民经济中更好地发挥控制与主导作用。

二、“一带一路”倡议与高水平对外开放

“一带一路”倡议是连接国内外发展的枢纽，需要建立国内大循环为主、国内国际“双循环”相互促进的新发展格局。“一带一路”倡议的推进和“双循环”的建设需要在原有改革开放的基础上，实施高水平的对外开放。

（一）高水平对外开放需要新的思想指导

1978年中国开始实行的对外开放的指导思想是以“解放思想，实事求是”为代表的邓小平理论，在这一思想的指导下，中国坚持改革开放40余年，取得了举世瞩目的成就。面对社会发展的新变化，中国共产党提出了一系列发展理念和指导思想。对外开放的道路要坚定不移地走下去，离不开习近平新时代中国特色社会主义经济思想和“五位一体”的发展理念。

“一带一路”倡议所提出的理念也是对外开放指导思想与时俱进的新成果，共建“一带一路”的经贸合作伙伴不分大小、贫富均身份平等，以共商、共建、共享的模式打造全新合作体系，以开放、包容、均衡、普惠的理念构建人类命运共同体。

（二）高水平对外开放需要拓展和深化开放格局

“一带一路”倡议建设要与高水平对外开放联系起来，从而建设高质量的外循环体系。高水平开放要以形成更大范围、更宽领域、更深层次对外开放新格局为目标，积极打造中国对外开放的“升级版”。

1. 高水平对外开放要实现更全面的开放

我国东部沿海地区已经通过改革开放取得了巨大成功，但也造成了与中西部地区的显著空间差异，因此，要通过“一带一路”高质量发展引领内陆地区的开放型经济发展。进入高质量发展阶段后，“一带一路”建设过程中，不断推出自由贸易试验区和自由贸易港的设立等举措都体现出现阶段我国在内外空间扩展中形成的陆海内外联动、东西双向互济的新局面，高水平开放是更全面的开放。

2. 高水平对外开放要实现更宽领域的开放

我国主动降低多项产品的关税，大幅放宽市场准入，进一步缩减负面清单，逐渐打开内需市场，推动服务业、农业等产业在更多领域的扩大开放。

3. 高水平对外开放要实现更深层次的开放

我国开放型经济的发展已经融入国际分工的过程中，目前世界经济格局在不断变化，全球化经贸规则提出了更高的标准，在加入世界贸易组织20多年后的今天，我国要对以往的开放政策和制度逐步改革，努力在世界经济中获得主动权和话语权，积极参与世界贸易组织改革，推动贸易和投资自由化和便利化，推动对外开放向更深层次迈进。

（三）高水平对外开放需要紧密衔接国内外产品市场和要素市场

高水平的对外开放是产品市场和要素市场在全球范围内的统一配置，对于要素和产品自由流通、秩序对接和参与主体平等互惠具有更高的标准和要求。而高水平的对外开放需要以高水平的市场经济为依托。

1. 高水平的社会主义市场经济体制是更高水平对外开放的基础

我国建立市场经济体制的时间较晚，在国际贸易中甚至还有国家不愿承认我国市场经济国家的地位，批评我国的市场经济体制不完善。我国经济已经进入高质量发展阶段，实现更高水平改革开放的基础应该是更高标准的市场经济体制，建设具有更完善的产权保护、要素市场化配置和公平竞争机制的市场经济。

2. 高水平开放需要更大、更有效的进口和出口市场

虽然我国已经是全球贸易第一大国，但是从出口方面看，我国目前主要出口商品流向集中，出口市场相对集中，商品价格和附加值较低，这会造成我国出口产品对某些市场产生较大的依赖性，容易产生贸易冲突从而被制裁，在外部环境竞争激烈的情况下，庞大的出口带来制造业产出效率较低。从进口方面看，长期存在的贸易顺差使得一些国家指责我国贸易自由是单向的、不公平的，并将许多问题归咎于我国的出口冲击，而我国以往较高的市场准入条件则使国内市场缺少同类进口产品的竞争，造成市场上存在很多低效率的企业。因此，在我国施行“一带一路”倡议、双边自贸协议、设立自由贸易试验区、放宽市场准入、降低关税等措施下，高水平开放具有更广阔和更有效的国内外市场。

（四）高水平对外开放要求中国积极参与国际治理

加入世界贸易组织20多年来，随着改革开放的深入推进，我国的国家综合实力、国际地位和国际影响力大幅提高。我国除在国内要形成陆海内外联动、

东西双向互济的开放格局外，还要推动全球经济治理体系的变革，参与全球经济新规则的制定，以构建人类命运共同体为目标，推动高水平开放，提高参与全球经济治理的能力。

1. 推动由商品要素流动型开放向制度型开放转变

制度型开放是实施更高水平对外开放的核心，推进制度型开放是实施更高水平开放的重大举措。要积极参与贸易和投资领域多边合作，实施外商投资法和相关配套法规，推动规则、规制、管理、标准等制度型开放，加快构建与国际通行规则相衔接的制度体系和监管模式。

2. 实现由贸易大国向贸易强国的转变

加快产业结构转型升级，加快对外贸易的转型升级，推动科学发展和技术创新，建设更具竞争力的现代化产业体系，实现由贸易大国到贸易强国的转变，提升我国在国际上的地位。

3. 重视开放性人才队伍建设

人才素质的提高对国家综合实力起到关键性作用，我国需要大批熟悉党和国家方针政策、了解国情、具有全球视野、熟练运用外语、通晓国际规则、精通国际谈判的专业人才。

第三章
“一带一路”倡议的政策内容分析

第一节 “一带一路”倡议的基本介绍

“政策沟通”是“一带一路”建设“五通”目标之首，是“一带一路”建设的关键环节，同时是加强“一带一路”沿线国家进行务实合作的重要基础。政策沟通具有双重意义，纵向的沟通是指国内各主管部门和各级政府间的协调沟通，横向的沟通则是各国政府之间的协商沟通。“一带一路”倡议提出后，沿线一些国家和地区从疑虑到观望，再到积极响应和参与支持，政策沟通发挥了决定性作用。因此，对“一带一路”倡议进行文本分析，有助于了解政策沟通的现状，分析政策沟通中存在的问题，探讨进一步加强政策沟通的有效途径。

“一带一路”倡议是一个立体的、综合的、全方位的体系，包括指导思想、行动纲要、实施规划和法律法规，是一套自上而下的完整的政策体系，可以充分地反映各级政府对“一带一路”倡议的关注程度和执行力度。

第二节 “一带一路”倡议的政策构成

一、双边类文件

第一类为双边文件，主要是中国与其他国家之间的政策性文件，用来在战略层面达成国际共识，如 2020 年 3 月 17 日的中巴联合声明、中日韩合作未来十年展望等。为达成我国与“一带一路”沿线国家的利益共识，我国推动“一带一路”政策与世界各国的战略对接，制定了兼容欧盟“容克计划”、俄罗斯“欧亚经济联盟”、蒙古国“发展之路”以及哈萨克斯坦“光明之路”等政策，为我国在全世界范围内争取到了大量的合作伙伴。截至 2019 年 3 月底，中国政府已与 125 个国家和 29 个国际组织签署 173 份合作文件，将“一带一路”的区域扩展至全世界。双边文件建设的核心在于“五通”，即政策沟通、设施联通、贸易畅通、资金融通和民心相通，通过“五通”，与“一带一路”沿线国家实现了政策、贸易、金融、基建、文化等全方位的沟通和交流。

二、计划规划类文件

第二类为计划规划，共计 49 份，分为国家层面规划和地方层面规划。其中，国家层面规划共计 15 份，多为行业性整体规划和意见，如文化和旅游部发布的《“一带一路”文旅产业国际合作重点项目》、国家发展改革委发布的《铁路“十三五”发展规划》《中长期油气管网规划》、国家体育总局发布的《“一带一路”体育旅游发展行动方案（2017—2020 年）》、教育部印发的《推进共建“一带一路”教育行动》以及中共中央对外联络部发布的《中国社会组织推动“一带一路”民心相通行动计划（2017—2020）》等。国家层面的计划规划多是各部委从自身相关产业出发，对“一带一路”相关政策进行细化，转化为本行业响应“一带一路”倡议的实践规划。与此同时，地方性规划有 34 份，多是地方政府响应中央的政策号召或者部委的具体计划而执行，侧重国家大政方针的本地化实施，多以实施方案、工作计划、发展规划等形式展现，如《北京市推进共建“一带一路”三年行动计划（2018—2020 年）》《广西参与“一带一路”科技创新行动计划实施方案（2018—2020 年）》《河南省标准联通参与建设“一带一路”行动计划（2018—2020 年）》等。

三、政策法规

第三类为政策法规，自 2017 年 3 月以来，我国政府发布了 482 份政策法规类文件，可分为国家层面法规和地方层面法规。从国家层面来看，中央有关文件41项，国务院有关文件177项，其他多为地方性政策文件。中央文件多是纲要性文件，如构建现代环境治理体系、支持民营经济、保护知识产权等全方位的文件，国务院文件主要是对地方政策提出的响应方案进行批复以及指导地方政府进行工作的通知，如商务部《关于应对新冠肺炎疫情做好稳外贸稳外资促消费工作的通知》《国务院关于进一步做好利用外资工作的若干意见》、国家税务总局印发的《国别投资税收指南》等；从地方性法规来看，政策法规文件多为《自由贸易试验区条例》《积极利用外资若干措施的通知》等响应中央政府的政策法规。

“一带一路”政策的制定有赖于各级政府部门，但能否真正落地实施，还需要社会各界的广泛参与和支持，需要企业家和社会大众的关注和参与，所以，度量“一带一路”政策关注及其影响因素也至关重要。

第三节　基于LDA和SNA的“一带一路”倡议体系分析

“一带一路”倡议是上承千年丝路文明、下启新时代开放发展的重要举措。2013年9月和10月，中国国家主席习近平在出访哈萨克斯坦和印度尼西亚时先后提出共建“丝绸之路经济带”和“21世纪海上丝绸之路”的重大倡议。中国政府成立了推进“一带一路”建设工作领导小组，并在国家发展改革委设立领导小组办公室。2015年3月，中国发布《推动共建丝绸之路经济带和21世纪海上丝绸之路的愿景与行动》。“一带一路”倡议一经提出，得到了国内外的积极响应，成为我国在“逆全球化”背景下开辟的一条崭新道路。为更好地践行“一带一路”倡议，中国政府对外广签友好合约，沿线“五通”发展取得瞩目成就，对内力推优惠政策，各地方政策参与热情高涨，逐渐形成了国内国外“双循环”的政策体系。因此，“一带一路”倡议相关政策的制定、宣传、执行和修正也成为关系到国计民生的大事，政策的研究分析则是上述工作的基础。

大数据为政策分析提供了不同的研究视角以及更好的研究工具，从文本角度解读政策总体，可以使研究在兼顾文本细节的同时，把握政策全局。通过对海量的政策文本数据进行深度挖掘，结合定量化主题建模提炼政策关键词，并进行政策关键词聚类，可以更加凝练和有条理地分析政策文本。通过政策文本的相似度，结合可视化网络分析绘制部门网络图，可以更好地探索政策发文机关之间的潜在关联性。借助文本挖掘和网络技术，政策和制度研究有望突破原有边界，对于政府部门体制机制的优化具有参考价值，也为科学确定重大公共问题、提升决策质量提供了新的研究思路。

一、研究综述

目前，学术界围绕“一带一路”倡议开展的政策研究以定性分析为主，定量分析较少。定量研究政策有两个方向：一个是政策内容量化；另一个是政策网络的构建。

（一）“一带一路”政策的定性研究

“一带一路”政策的定性研究数量较多，从语言、教育、科技、财税等细分领域的政策研究到整体性的政策研究都有涉及，较为全面地覆盖了“一带一路”相关的政策领域。定性分析虽然主观性较强，但由于能够很好地采用规范分析、对比分析、案例分析和专家讨论等方法，因而对研究政策战略目标定位、政策框架设计、政策沟通机制、政策保障体系构建具有重要意义。

（二）基于文本分析的政策研究

“一带一路”政策文本的定量分析有三种类型：第一种是对政策文本进行编码研究。文本编码能够很好地将政策内容进行细化和归类，并进行多个政策的合并与分析，对于政策内容分析以及政策强度评价具有很好的效果，在来华留学教育政策评价、科技创新合作规划等方面有过成功的应用。第二种是将政策文本编码后转化为一个变量纳入计量模型，拓展政策文本的应用领域，在评价政策文件强度与省域经济开放度的关系等方面有着良好的效果。

第三种是对文本语义进行挖掘，可以提炼政策关键词，对政策关键词根据语义进行聚类，从时间、空间、政策特征维度分析政策变迁规律、自由贸易试验区的金融规范性文件、双边自由贸易协定（FTA）合作政策关键词共现网络词之间的共线网络，在跨太平洋伙伴关系协定（TPP）文本分析等方面有着成功的应用。

（三）基于网络的政策分析研究

政策的网络构建可以更直观地展现发文机关之间的关联性，通常有两种做法：一种做法是以联合发文为基础进行构建，另一种是以语义相似度为基础进行构建。“一带一路”沿线国家签订自由贸易协议，通过缔约关系可以构建协议网络，为分析国家间的贸易协定网络、拓展中国企业与“一带一路”沿线国家的贸易往来提供保障。但是，在“一带一路”倡议的相关政策文件中，若没有联合发布或者双边协议，则难以建立相关性矩阵，也就无法构建对应的政策网络。

基于以上研究可以发现，“一带一路”倡议政策的研究多是局部政策，未能从全局的视角对双边政策、国家层面政策以及地方政策进行分析和解读；在政策的关联分析中，仅从联合发文角度分析了双边贸易协定，未能对非联合发文类政策进行网络构建和关联分析。因此，本章将从以下两个方面进行拓展：一方面，全面搜集“一带一路”倡议提出以来的政策，包括国与国之间、国家层面以及地方层面的政策，通过 LDA 法进行整体和分类的关键词提取和主题研究；另一方面，通过共词和语义相似构建国与国之间、中央政府和部委间以及地方政府之间的网络关系。

二、数据来源、研究方法与设计

（一）数据来源与处理

自“一带一路”倡议提出以来，我国陆续出台了多份政策文件，以支持“一带一路”倡议的落地执行。本章的“一带一路”相关政策来源于“一带一路”网，通过爬虫技术获取了政策标题、发文日期、政策内容、发文部门等数据，为进行主题分析和网络构建提供了政策文本资料，共获得政策665条，字数共计8174542字（见表3－1）。

表3－1 “一带一路”政策数据概况

政策类型	数量/条	字数/字
中央政策	78	3934817
国务院政策	285	3038941
各部委政策	29	94845
地方政策	114	512253
中外双边文件	159	593686

本章根据政策发布主体，对“一带一路”倡议的相关政策进行分类获取和分析。在获取数据的基础上，需要对数据进行预处理，包括分词、剔除停用词、筛选无功能词汇等，为数据建模做好准备。首先，在分词阶段，由于采集数据的内容基本全部为中文，在R语言环境下使用结巴分词包（jiebaR）对数据进行分词处理操作。其次，在剔除停用词中，考虑到融合多个停用词表的全停用词表聚类效果相比单个停用词表的聚类效果明显提升，故实验综合了哈尔滨工业大学停用词表、四川大学机器智能实验室停用词库、百度停用词表等建立停用词库，并剔除无法表示文本特征的词语。最后，运用主题模型构建，计算文档相似性，以此为基础构建发文主体之间的网络。

（二）研究方法

1. LDA法

2003年，David M. Blei、Andrew Y. Ng和Michael I. Jordan提出了潜在狄利克雷分配模型（Latent Dirichlet Allocation，LDA），作为一种具有代表性的文本挖掘法，从海量的文本信息中发现并提取关键词和主题信息，可以处理一项或多项文本。

在图3－1中，双圆圈代表可观测变量，单圆圈表示潜在变量，箭头代表变量之间的条件依赖，方框表示重复抽样，方框右下角的集合表示重复次数。

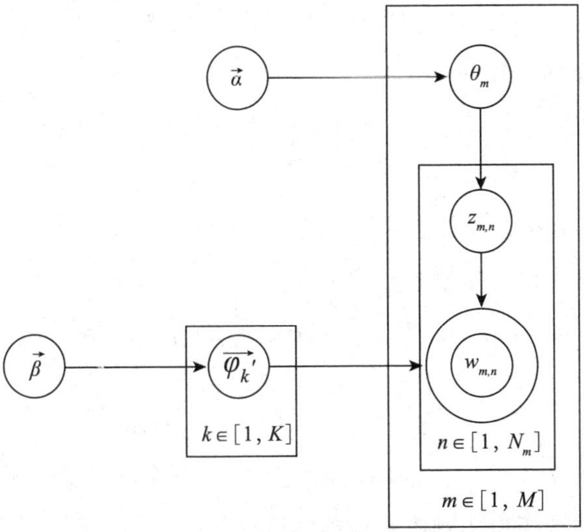

图 3－1　LDA 模型概率

LDA 模型的主要参数如表 3－2 所示。

表 3－2　LDA 模型的主要参数

符号	含义
M	文档个数
K	主题个数
V	词项个数
α	“文档—主题”分布参数所服从的 Dirichlet 先验分布参数
β	“主题—词项”分布参数所服从的 Dirichlet 先验分布参数
θ_m	第 m 个文档的主题分布参数
φ_k	第 k 个主题的词项分布参数
N_m	第 m 个文档的长度
$z_{m,n}$	第 m 个文档第 n 个词位对应的主题
$w_{m,n}$	第 m 个文档第 n 个词位对应的词项序列
$z_m = \{z_{m,n}\}_{n=1}^{N_m}$	第 m 个文档对应的主题序列
$w_m = \{w_{m,n}\}_{n=1}^{N_m}$	第 m 个文档对应的词项序列
$w = \{w_m\}_{m=1}^{M}$	文档集对应的词项序列
$z = \{z_m\}_{m=1}^{M}$	文档集对应的主题序列

假设 w、z 分别为文档集对应的词项序列和主题序列，根据概率图，二者的联合分布可以因子化为

$$p(wz;\alpha,\beta)=p(w\mid z;\alpha,\beta)\,p(z;\alpha,\beta)=p(w\mid z;\beta)\,p(z;\alpha) \quad (3-1)$$

其中，$p(z;\alpha)$ 为主题序列的概率，$p(w\mid z;\beta)$ 为给定主题下的词项序列概率。对两个因子求联合概率为

$$p(wz;\alpha,\beta)=p(w\mid z;\beta)\,p(z;\alpha)=\prod_{k=1}^{K}\frac{(\Delta n\cdot,k,\cdot+\beta)}{\Delta(\beta)}\prod_{m=1}^{M}\frac{\Delta(n_m,\cdot,\cdot+\alpha)}{\Delta(\alpha)} \quad (3-2)$$

通过对政策文本进行主题词建模，可以从众多的政策文档中提取主题以及关键词项，并计算出主题以及词项的概率分布。

2. SNA 法

社会网络分析（Social Network Analysis，SNA）是一种对网络结构及其属性加以分析的方法，近年来在大规模计算和工具化、可视化方面发展迅速，在公共管理领域尤其在网络舆情及社会关系中具有广泛应用。SNA 研究一个完整的社会网络图 $G=(V,E)$，是一个包含节点集合 V 与边集合 E 的概念。节点代表社会行动者、组织或部门，点的数量可以衡量图的阶数；边代表行动者之间的关系，边的数量可以衡量图的规模，进而衡量政策出台部门之间的关系。

政策网络分析将围绕以下三个角度展开：①基于节点度的特征，即从节点出发的边的数量，分析点与线组合构成的政策主体之间的相互关联；②基于节点中心性，分析节点即政策主体的重要性；③基于图的分割，即政策主体的层次聚类，来分析发文主体之间的关系。

节点度概念比较简单，对所有节点进行平均可以计算出平均节点度，进而衡量节点与其他节点的平均距离。对所有节点之间的线进行加总后除以所有节点理论上可能产生的线，可以计算出网络的密度，进而对政策网络紧密程度进行衡量。

由于节点中心性数量较多，本章采用接近中心性和介数中心性两种经典度量方法来衡量政策网络的中心性。接近中心性（Closeness Centrality）度量

是指如果一个节点距其他许多节点都很近，那么，这个节点就处于网络的中心位置，也即该政策主体具有较高的统领地位。根据 Sabidussi 描述的计算方法，接近中心性定义为一个节点到其他所有节点距离之和的倒数，即

$$c_{Cl}(v) = \frac{1}{\sum_{u \in V} dist(v,u)} \tag{3-3}$$

其中，$dist(v, u)$ 为节点 v，$u \in V$ 的捷径距离。

介数中心性（Betweenness Centrality）度量是指一个节点可以从多大程度上介于其他点之间。该方法的思想是，节点的重要性与其在网络中路径的位置有关，因此，处于多条路径上的节点就是网络中的关键环节。Freeman 提出的介数中心性定义为

$$c\_B(v) = \sum_{s \neq t \neq v \in V} \frac{\sigma(s, t \mid v)}{\sigma(s, t)} \tag{3-4}$$

其中，$\sigma(s, t \mid v)$ 为 s 与 t 之间通过 v 的最短路径数量，而$\sigma(s, t)$为两点之间的最短路径的总数。

图分割本质上是一种层次聚类法，通过模块度对选择成本进行度量后实现分类。令 $C = \{C_1, \cdots, C_K\}$ 为一个给定的候选分割，将 $f_{ij} = f_{ij}(C)$ 定义为原始网络中连接 C_i 点与 C_j 点的所有边所占的比例。C 的模块度为

$$mod(C) = \sum_{k=1}^{K} [f_{kk}(C) - f_{kk}^*]^2 \tag{3-5}$$

其中，f_{kk}^* 为 f_{kk} 在某种边的随机分配模型下的期望值。有 $f_{kk}^* = f_{k+}f_{+k}$，其中，f_{k+} 和 f_{+k} 分别为元素 f_{ij} 的 $K \times K$ 矩阵 f 的第 k 行和第 k 列的和。因此，可以通过模块度构建出一个与 C 同分布但边随机的图，模块度越大，则拥有的随机边越多，进而实现分组聚类。模块度的计算成本较高，Clauset 等在 Newman 快速算法的基础上提出了一种新的贪婪算法，采用凝聚形式对层次聚类进行计算，然后将之应用于中央政策和地方政策的聚类。

在政策量化分析中，经常需要研究政策的关联与扩散，当一项政策发布时，不同的地方政府往往会效仿其他政府颁布的政策，因而它们之间发布的政策存在相似性，找到政策之间的相似性之后，可以将其作为政策扩散和关联的依据。政策的相似度计算本质就是文本相似度的计算，相似度是数学计算

的范畴，自然语言处理中要把文本转换为向量，然后计算向量之间的相似度就比较容易了，如余弦相似度、欧氏距离等。相较余弦相似度，欧氏距离更为常用，用来计算空间中几个点之间的绝对距离，当数据连续且稠密时，效果很好。余弦相似度计算是通过两个向量夹角的余弦值来衡量个体之间的差异度。如果向量夹角的余弦值越接近1，那么两个向量夹角越接近0°，即可以认为两个向量越相似，这就是计算余弦相似度的简单原理。谷歌发明的基于哈希的相似度计算方法，是一种基于概率的高维度数据的维度削减方法，在大规模数据实时或者快速的计算场景下，将一些不可存储与计算的问题转化为映射空间的可存储计算问题。在大数据重复性判断方面，谷歌的网页去重和谷歌新闻的协同过滤等都是采用哈希方法进行的相似度计算。构建完政策相似度矩阵后进行政策网络构建，包括点度中心性、介数中心性以及层次聚类，可以深层次地发掘政策互动关系。

（三）研究设计

政策文本分析技术路线如图3－2所示。

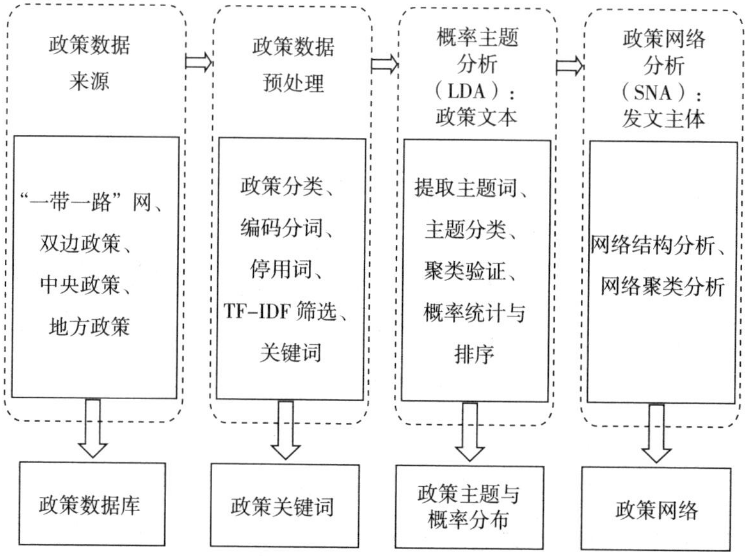

图3－2　政策文本分析技术路线

三、基于 LDA 的政策文本分析

本章将“一带一路”的政策体系进行主题词提取聚类，以期从不同类型的政策中提炼出政策要点，进而更全面和深入地了解政策内容，为政策的改进与修正提供参考。

（一）“一带一路”政策整体性分析

1. 机器提取主题词

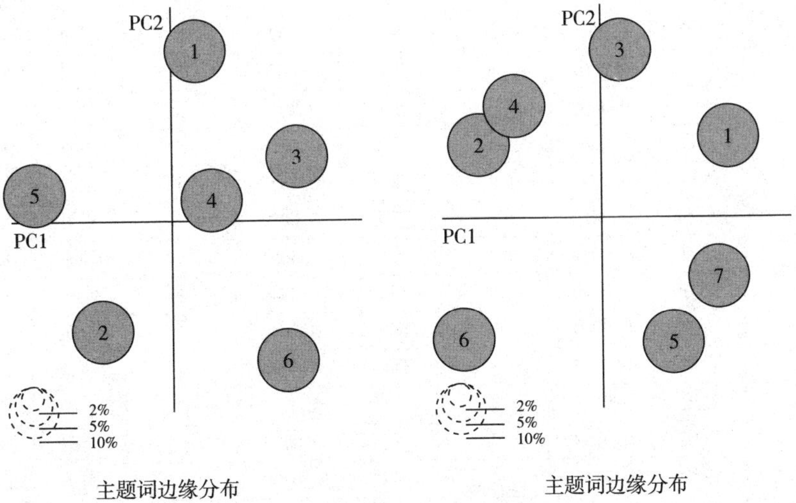

图 3－3 “一带一路”倡议的主题词聚类

通过图 3－3 可以发现，“一带一路”倡议可以分为 6 个主题。按照概率分布排列分别为国际合作、文旅发展、生态环境、经济发展、信息化、制度改革。下面结合表 3－3 进行具体分析。

2. 主题分类与概率分布

从表 3－3 中可以看出，“一带一路”倡议可以分为 6 个主题，其中不同主题中的政策重点有所不同。具体来看：

表 3-3 "一带一路"倡议的主题词及概率分布（一）

主题序号	主题词	概率	主题序号	主题词	概率	主题序号	主题词	概率
1	合作	0. 0401	3	发展	0. 0206	5	发展	0. 0193
1	发展	0. 0132	3	建设	0. 0199	5	创新	0. 0146
1	中国	0. 0118	3	推进	0. 0108	5	服务	0. 0125
1	领域	0. 0112	3	生态	0. 0104	5	技术	0. 0116
1	国家	0. 0101	3	实施	0. 0083	5	建设	0. 0113
1	支持	0. 0096	3	区域	0. 0081	5	企业	0. 0096
1	国际	0. 0088	3	农业	0. 0079	5	推动	0. 0082
1	组织	0. 0085	3	保护	0. 0078	5	体系	0. 0077
1	两国	0. 0083	3	加快	0. 0074	5	信息	0. 0075
1	推动	0. 0073	3	城市	0. 0072	5	国家	0. 0073
1	交流	0. 0069	3	农村	0. 0071	5	推进	0. 0073
1	经济	0. 0067	3	地区	0. 0070	5	标准	0. 0069
1	一路	0. 0060	3	重点	0. 0059	5	产业	0. 0067
1	一带	0. 0060	3	产业	0. 0058	5	建立	0. 0066
1	地区	0. 0057	3	支持	0. 0053	5	加快	0. 0065
1	成员国	0. 0050	3	资源	0. 0052	5	提升	0. 0065
1	建设	0. 0050	3	完善	0. 0051	5	健康	0. 0062
1	中方	0. 0049	3	规划	0. 0049	5	完善	0. 0061
1	保护	0. 0049	3	体系	0. 0047	5	领域	0. 0055
1	投资	0. 0047	3	环境	0. 0046	5	互联网	0. 0054
2	建设	0. 0178	4	企业	0. 0134	6	发展	0. 0197
2	发展	0. 0168	4	支持	0. 0124	6	改革	0. 0191
2	旅游	0. 0132	4	建设	0. 0120	6	国家	0. 0110
2	教育	0. 0119	4	发展	0. 0107	6	推进	0. 0103
2	国家	0. 0091	4	试验区	0. 0105	6	工作	0. 0097
2	推进	0. 0088	4	服务	0. 0103	6	职责	0. 0086
2	文化	0. 0077	4	自贸	0. 0102	6	完善	0. 0079
2	完善	0. 0070	4	创新	0. 0101	6	企业	0. 0079
2	民族	0. 0063	4	国际	0. 0098	6	负责	0. 0077
2	地区	0. 0055	4	合作	0. 0083	6	制度	0. 0075
2	支持	0. 0054	4	监管	0. 0081	6	牵头	0. 0072
2	服务	0. 0052	4	贸易	0. 0080	6	分工负责	0. 0069
2	中国	0. 0051	4	投资	0. 0074	6	建设	0. 0068
2	推动	0. 0049	4	推进	0. 0065	6	财政部	0. 0062
2	体系	0. 0046	4	探索	0. 0064	6	机制	0. 0059

续表

主题序号	主题词	概率	主题序号	主题词	概率	主题序号	主题词	概率
2	改革	0.0045	4	建立	0.0061	6	政府	0.0058
2	特色	0.0045	4	推动	0.0059	6	知识产权	0.0056
2	制度	0.0044	4	管理	0.0059	6	部门	0.0055
2	加快	0.0044	4	机制	0.0058	6	政策	0.0055
2	提升	0.0043	4	完善	0.0054	6	推动	0.0050

（1）国际合作主题

国际合作主题中，合作、发展、国家、组织等词出现的频率较高，结合“一带一路”倡议的目的可知，“一带一路”倡议的主要目的在于推动国家和组织间的交流合作，促进沿线国家和地区的经济发展。

（2）文旅发展主题

文旅发展主题中，文化、旅游、教育、民族等是出现频率较高的词语，说明倡议的重点在于推动中国与“一带一路”沿线国家和地区间在教育、文化和旅游方面的沟通交流，即“五通”中的民心相通。

（3）生态环境主题

生态环境主题中，生态、农业、资源、环境、城市、农村等词有较高的概率分布。结合“一带一路”倡议的内容可知，“一带一路”建设中非常重视保护生态环境，开展绿色农业和现代农业，促进城乡的协调发展。

（4）经济发展主题

经济发展主题中，企业、试验区、自贸（区）、创新、国际、合作等词具有较高的概率分布。结合“一带一路”倡议内容，“一带一路”倡议旨在积极发展与沿线国家的经济合作伙伴关系，促进各国之间的经济合作，加强区域间物流运输和信息通信互联互通。为了实现这些目标，不同国家企业可以通过依靠中国与有关国家既有的双多边机制，借助既有的、行之有效的区域合作平台，整合企业现有资源，提升科技创新能力，搭中国经济发展“快车”“便车”，实现自身的工业化、现代化。促进贸易畅通、推动贸易自由化便利化是“一带一路”倡议的一个重要组成部分，自由贸易区有利于吸引外资和企业出口，使企业能够更加高效、合理地参与区域内的资源配置，从而实现经济发展和增长。

(5) 信息化主题

信息化主题中，信息、标准、健康、互联网等词具有较高的概率分布。结合"一带一路"倡议内容，在数字经济的大背景下，"一带一路"倡议的推进离不开信息化的建设和支持。通过建立标准、积极推进相关产业的数字化，高效推进"一带一路"倡议的实施。

(6) 制度改革主题

制度改革主题中，改革、职责、机制、政策等词具有较高的概率分布。结合倡议内容可知，"一带一路"倡议对内要打破要素市场壁垒，促进区域经济的协调发展；对外要深化改革开放，尤其是制度变革。通过完善政府的管理和服务职能，促进"一带一路"倡议的健康发展。

(二) 双边性"一带一路"政策分析

1. 机器提取主题词

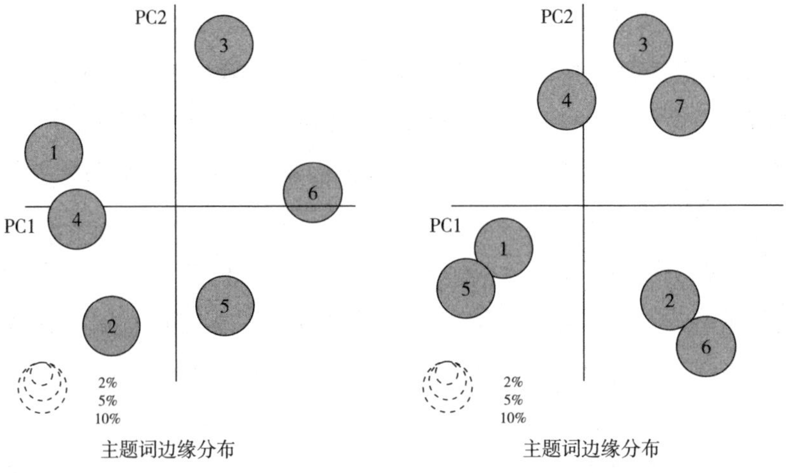

图3-4 "一带一路"倡议中双边协议的主题词聚类

通过图3-4可以发现，"一带一路"倡议的双边协议聚为6类主题是最优的，能够较好地区别出不同主题的内容又不出现交叉。结合表3-4，按照概率分布可以将主题归纳为国际合作、经济增长、多方对话、平等交流、贸易投资和深化合作。

2. 主题分类与概率分布

“一带一路”倡议的主题词及概率分布聚类见表3-4。

表3-4 “一带一路”倡议的主题词及概率分布（二）

主题序号	主题词	概率	主题序号	主题词	概率	主题序号	主题词	概率
1	合作	0.0526	3	组织	0.0428	5	合作	0.0487
1	中国	0.0327	3	成员国	0.0383	5	发展	0.0182
1	国家	0.0198	3	合作	0.0290	5	领域	0.0169
1	东盟	0.0176	3	上合	0.0222	5	两国	0.0162
1	中东欧	0.0154	3	发展	0.0137	5	推动	0.0125
1	支持	0.0122	3	国际	0.0133	5	国际	0.0112
1	各方	0.0111	3	支持	0.0115	5	支持	0.0082
1	发展	0.0110	3	团长	0.0107	5	经济	0.0074
1	交流	0.0097	3	会议	0.0106	5	地区	0.0074
1	领域	0.0096	3	地区	0.0103	5	中华人民共和国	0.0073
1	会议	0.0077	3	代表团	0.0098	5	深化	0.0071
1	投资	0.0068	3	领域	0.0095	5	国家	0.0070
1	三国	0.0064	3	外长	0.0091	5	组织	0.0063
1	经济	0.0063	3	经济	0.0084	5	交流	0.0061
1	举办	0.0060	3	联合国	0.0071	5	投资	0.0060
1	建设	0.0056	3	落实	0.0063	5	中国	0.0059
1	鼓励	0.0056	3	指出	0.0063	5	关系	0.0058
1	推动	0.0053	3	恐怖主义	0.0060	5	进一步	0.0058
1	相关	0.0052	3	日期	0.0057	5	稳定	0.0053
1	贸易	0.0051	3	国家	0.0055	5	机制	0.0052
2	缔约方	0.0139	4	合作	0.0370	6	合作	0.0491
2	国家	0.0137	4	发展	0.0186	6	两国	0.0237
2	经济	0.0124	4	中方	0.0174	6	领域	0.0188
2	全球	0.0118	4	中国	0.0162	6	发展	0.0155

续表

主题序号	主题词	概率	主题序号	主题词	概率	主题序号	主题词	概率
2	支持	0.0107	4	两国	0.0109	6	中国	0.0132
2	发展	0.0101	4	领域	0.0104	6	支持	0.0120
2	持续	0.0099	4	支持	0.0099	6	推动	0.0104
2	会议	0.0097	4	建设	0.0098	6	关系	0.0094
2	合作	0.0094	4	关系	0.0076	6	交流	0.0086
2	公约	0.0090	4	推动	0.0075	6	国际	0.0082
2	包括	0.0089	4	国家	0.0074	6	中方	0.0072
2	国际	0.0087	4	地区	0.0072	6	投资	0.0066
2	金砖	0.0085	4	双方同意	0.0070	6	进一步	0.0058
2	重申	0.0082	4	交流	0.0069	6	中欧	0.0057
2	十国集团	0.0072	4	经济	0.0066	6	双方同意	0.0056
2	增长	0.0068	4	推进	0.0062	6	深化	0.0056
2	承诺	0.0067	4	主席	0.0061	6	经济	0.0052
2	本协定	0.0067	4	提供	0.0057	6	联合国	0.0052
2	联合国	0.0064	4	国际	0.0055	6	战略伙伴	0.0050
2	应对	0.0062	4	和平	0.0051	6	对话	0.0049

从表3-4中可以看出，"一带一路"倡议的双边协议可以分为6个主题，其中不同主题中的政策重点有所不同。

双边协议是指在"一带一路"倡议的框架下，中国与多个国家和地区签订的战略性框架协议，协议内容同质性较高，且不涉及具体的细节性合作内容。因此，在使用LDA进行主题词聚类提取时，聚类的内容相对抽象，部分词的重合度较高。具体来看：

(1) 国际合作主题

国际合作主题中，发展、交流、领域、会议等词出现的频率较高，结合"一带一路"倡议的目标以及双边协议的内容可知，"一带一路"倡议的主要目的在于推动国家和组织间的交流合作，通过政策沟通搭建中国和沿线国家地区的多领域合作平台。

（2）经济增长主题

经济增长主题中，缔约方、经济、发展、支持、全球等是出现频率较高的词语，说明倡议在号召“一带一路”沿线国家和地区积极缔结双边协议，顺应全球化趋势，以开放协作的方式促进区域经济增长。

（3）多方对话主题

多方对话主题中，会议、地区、代表团、领域、外长、经济等词有较高的概率分布。结合倡议的内容可知，“一带一路”建设中，非常重视中方与其他成员国之间的对话机制建设。深度和谐的对话机制是在多民族、多元文化背景下，打破地缘政治壁垒、实现社会经济平等交流的重要条件。

（4）平等交流主题

平等交流主题中，合作、发展、两国、领域、关系等词具有较高的概率分布。结合“一带一路”倡议内容可知，倡议旨在促进沿线国家和地区在平等互利的基础上，在经济、文化等领域中加强合作，实现互利共赢和共同发展。“一带一路”倡议强调所有参与国家均应平等参与、相互协商，并确保发展项目以参与国家的实际需求为基础且充分受益。

（5）贸易投资主题

贸易投资主题中，经济、组织、交流、投资、稳定等词具有较高的概率分布。结合“一带一路”倡议内容可知，贸易畅通是“一带一路”倡议“五通”中的重要一环，可以使“一带一路”沿线国家和地区在这一平台上互惠互利，进而带动社会经济的全面发展。

（6）深化合作主题

深化合作主题中，合作、支持、推动、关系、交流、深化等词具有较高的概率分布。结合“一带一路”倡议内容可知，“一带一路”倡议是在原有的国际贸易基础上更加全面和深入地交流合作，是构建人类命运共同体的重要举措。因此，“一带一路”沿线国家和地区需要深化经济、文化等方面的合作交流。

（三）中央性“一带一路”政策分析

1. 机器提取主题词

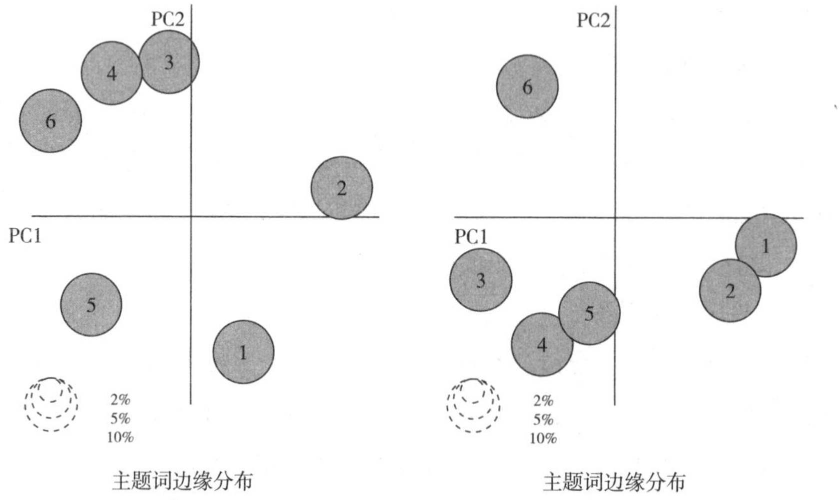

图 3－5　“一带一路”中央政策的主题词聚类

通过图 3－5 可以发现，“一带一路”倡议的国内中央层面政策聚为 5 类主题是最优的，能够较好地区别出不同主题的内容又不出现交叉。

2. 主题分类与概率分布

按照概率分布可以将主题归纳为支持服务、创新协调、文化保护、企业投资、创新监管，见表 3－5。

表 3－5　“一带一路”倡议的主题词及概率分布（三）

主题序号	主题词	概率	主题序号	主题词	概率	主题序号	主题词	概率
1	项目	0.0312	2	支持	0.0056	4	建设	0.0078
1	一路	0.0175	2	企业	0.0056	4	改革	0.0070
1	一带	0.0175	2	建立	0.0055	4	境外	0.0070
1	国家	0.0155	2	产业	0.0053	4	商务厅	0.0066
1	企业	0.0138	2	创新	0.0053	4	单位	0.0064

续表

主题序号	主题词	概率	主题序号	主题词	概率	主题序号	主题词	概率
1	申报	0.0129	2	协调	0.0052	4	政策	0.0064
1	投资	0.0126	3	保护	0.0444	4	国家	0.0061
1	备案	0.0119	3	史迹	0.0362	4	创新	0.0061
1	教育	0.0114	3	海丝	0.0246	4	工作	0.0058
1	境外	0.0109	3	丝绸之路	0.0237	4	合作	0.0055
1	合作	0.0083	3	海上	0.0225	4	分工负责	0.0055
1	北京市	0.0079	3	文物	0.0173	4	重点	0.0054
1	管理	0.0074	3	行政	0.0150	5	自贸	0.0154
1	资助	0.0069	3	主管部门	0.0148	5	试验区	0.0147
1	支持	0.0064	3	人民政府	0.0141	5	支持	0.0143
1	工作	0.0062	3	文化遗产	0.0130	5	企业	0.0119
1	单位	0.0059	3	单位	0.0117	5	创新	0.0113
1	办法	0.0058	3	遗产	0.0116	5	监管	0.0105
1	相关	0.0058	3	管理	0.0112	5	发展	0.0103
1	建设	0.0057	3	规划	0.0096	5	建设	0.0097
2	建设	0.0214	3	依法	0.0092	5	服务	0.0092
2	发展	0.0173	3	建设	0.0082	5	国际	0.0084
2	合作	0.0166	3	广西	0.0082	5	片区	0.0079
2	推进	0.0118	3	组织	0.0072	5	区内	0.0073
2	一带	0.0105	3	工作	0.0070	5	管理	0.0069
2	一路	0.0104	3	所在地	0.0069	5	贸易	0.0066
2	国际	0.0102	4	企业	0.0268	5	制度	0.0065
2	区域	0.0091	4	发展	0.0120	5	推进	0.0064
2	国家	0.0089	4	支持	0.0109	5	跨境	0.0063
2	加快	0.0081	4	外商投资	0.0104	5	建立	0.0063
2	推动	0.0079	4	项目	0.0099	5	业务	0.0062
2	机制	0.0074	4	投资	0.0098	5	试验	0.0062
2	完善	0.0060	4	产业	0.0080			
2	工作	0.0058	4	鼓励	0.0079			

从表 3 - 5 中可以看出，“一带一路”倡议中央层面的政策可以分为 5 个主题，其中不同主题中的政策重点有所不同。

中央层面政策是在“一带一路”倡议的框架下，中共中央、国务院和各部委所制定的政策规划，旨在引导各地方和企业参与到“一带一路”建设中来，结合其概率分布具体来看，分为以下主题：

（1）支持服务主题

支持服务主题中，项目、企业、申报、投资、备案、教育、境外、合作、管理、资助、支持等词出现的频率较高。结合“一带一路”倡议的目标以及国家层面的政策内容可知，“一带一路”倡议作为“有为政府”所构建的顶层设计，需要企业和当地人的关注和参与，通过“有效市场”形成政府与市场之间的合力。

（2）创新协调主题

创新协调主题中，区域、国家、机制、完善、工作、支持、企业、产业、创新、协调等是出现频率较高的词语，说明“一带一路”倡议在设计中注重创新驱动和协调发展。

（3）文化保护主题

文化保护主题中，保护、史迹、文物、文化遗产、遗产等词有较高的概率分布。结合“一带一路”倡议的内容可知，“一带一路”建设中，我国广大中西部地区具有悠久历史和文化资源，是“一带一路”沿线国家和地区的交流平台。开展文化、旅游资源活动时，要注重对文化文物资源的保护和传承。

（4）企业投资主题

企业投资主题中，企业、发展、支持、外商投资、项目、投资、产业等词具有较高的概率分布。结合“一带一路”倡议内容，“一带一路”倡议是政府引导下的促进企业等市场主体积极参与的顶层设计。只有企业积极参与到“一带一路”建设中来，“一带一路”倡议才可能形成具有自我造血功能的市场化体系，才能真正地构建起国内外相连接的循环体系。

（5）创新监管主题

创新监管主题中，自贸、试验区、支持、企业、创新、监管等词具有较高的概率分布。结合“一带一路”倡议内容可知，政府在倡议的制定和实施过程中，通过建立自贸区等试验试点进行了创新性尝试，然后再将成功经验进行复制和推广。与此同时，对“一带一路”倡议实施过程中的项目和主体进行适当监管，以便控制风险和作出及时调整。

（四）地方“一带一路”政策分析

1. 机器提取主题词

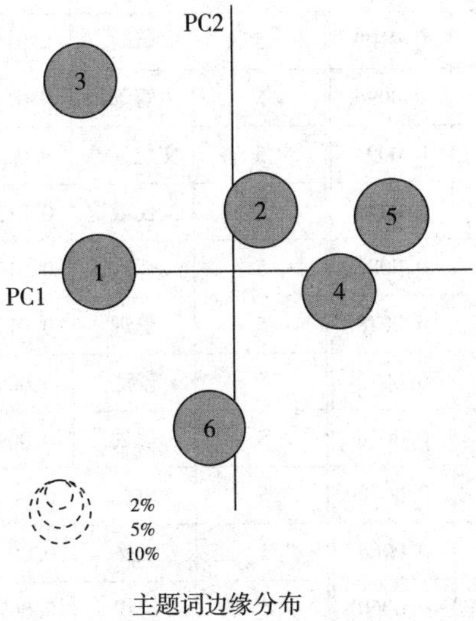

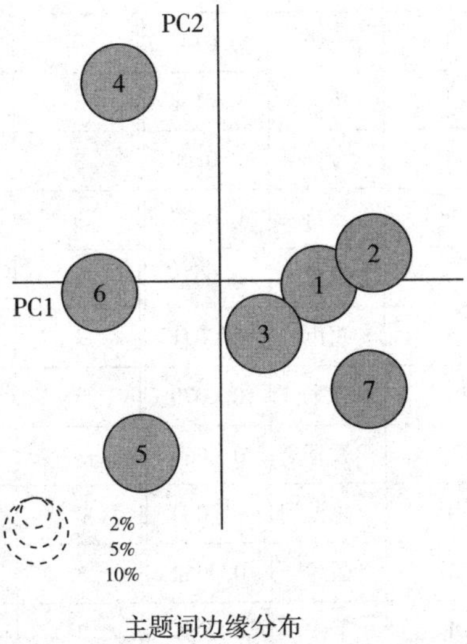

图3－6　“一带一路”地方政策的主题词聚类

通过图3－6可以发现，“一带一路”倡议的国内地方层面政策聚为6类主题是最优的，能够较好地区别出不同主题的内容又不出现交叉。

2. 主题分类与概率分布

按照概率分布可以将主题归纳为引进外资、设施互通、创新服务、试验探索、文物保护和机制改革，见表3－6。

表 3-6 "一带一路"倡议的主题词及概率分布（四）

主题序号	主题词	概率	主题序号	主题词	概率	主题序号	主题词	概率
1	企业	0.0251	3	建设	0.0253	5	保护	0.0479
1	项目	0.0232	3	合作	0.0198	5	史迹	0.0391
1	投资	0.0168	3	国际	0.0136	5	海丝	0.0266
1	境外	0.0160	3	一路	0.0133	5	丝绸之路	0.0248
1	国家	0.0145	3	一带	0.0133	5	海上	0.0241
1	一路	0.0141	3	推进	0.0122	5	文物	0.0186
1	一带	0.0141	3	国家	0.0109	5	行政	0.0162
1	单位	0.0130	3	发展	0.0096	5	主管部门	0.0160
1	合作	0.0108	3	推动	0.0091	5	文化遗产	0.0142
1	支持	0.0077	3	加快	0.0089	5	人民政府	0.0139
1	申报	0.0075	3	创新	0.0082	5	遗产	0.0125
1	我市	0.0071	3	企业	0.0078	5	管理	0.0123
1	备案	0.0070	3	支持	0.0072	5	依法	0.0098
1	教育	0.0069	3	中心	0.0070	5	规划	0.0094
1	建设	0.0063	3	口岸	0.0070	5	单位	0.0086
1	国际	0.0062	3	服务	0.0068	5	工作	0.0083
1	工作	0.0060	3	丝绸之路	0.0060	5	组织	0.0079
1	发展	0.0056	3	重点	0.0059	5	所在地	0.0074
1	沿线	0.0053	3	郑州	0.0058	5	文物保护	0.0067
1	重点	0.0053	3	工作	0.0057	5	县级	0.0064
2	单位	0.0248	4	自贸	0.0174	6	发展	0.0222
2	责任	0.0126	4	试验区	0.0172	6	企业	0.0142
2	建设	0.0125	4	支持	0.0146	6	建设	0.0098
2	企业	0.0114	4	企业	0.0134	6	外商投资	0.0096
2	项目	0.0100	4	创新	0.0122	6	区域	0.0096
2	通道	0.0099	4	监管	0.0111	6	产业	0.0090
2	广西	0.0099	4	发展	0.0106	6	支持	0.0088

续表

主题序号	主题词	概率	主题序号	主题词	概率	主题序号	主题词	概率
2	陆海	0.0089	4	建设	0.0093	6	改革	0.0088
2	铁路	0.0083	4	片区	0.0091	6	机制	0.0085
2	支持	0.0080	4	服务	0.0088	6	政策	0.0074
2	金融	0.0079	4	国际	0.0085	6	项目	0.0068
2	牵头	0.0078	4	区内	0.0083	6	推进	0.0065
2	西部	0.0072	4	管理	0.0082	6	完善	0.0063
2	工作	0.0067	4	制度	0.0074	6	建立	0.0061
2	自治区	0.0065	4	试验	0.0073	6	合作	0.0061
2	物流	0.0064	4	投资	0.0070	6	部门	0.0059
2	南宁	0.0064	4	建立	0.0068	6	协调	0.0057
2	发展	0.0063	4	探索	0.0066	6	创新	0.0056
2	北部湾	0.0059	4	贸易	0.0065	6	职责	0.0055
2	推进	0.0058	4	试点	0.0061	6	分工负责	0.0054

从表3-6中可以看出，“一带一路”倡议地方层面的政策可以分为6个主题，其中不同主题中的政策重点有所不同。

地方层面政策是在“一带一路”倡议的框架下国内各地方政府所制定的政策规划，旨在响应国家号召、引导各地方和企业参与到倡议的建设中来，结合其概率分布具体来看：

（1）引进外资主题

引进外资主题中，项目、企业、申报、投资、备案、教育、境外、合作、支持等词出现的频率较高。结合“一带一路”倡议的目标以及政策内容可知，“一带一路”倡议中，各地方政府将引进外资开发对外合作当作重点工作，借助倡议所搭建的平台，在企业投资、教育等领域积极展开合作。

（2）设施互通主题

设施互通主题中，通道、陆海、铁路、金融、西部、物流等是出现频率较高的词语，说明“一带一路”倡议在设计中，地方政府响应国家号召，完善交通等基础设施建设，打通陆海通道，为人流和物流的畅通提供保障。

（3）创新服务主题

创新服务主题中，创新、企业、支持、中心、服务等词有较高的概率分布。已有的政策表明，各地方政府在促进市场主体参与“一带一路”建设，鼓励企业参与、支持企业创新、服务企业运行等方面作出了重要的规划，为企业积极参与“一带一路”建设提供了政策保障。

（4）试验探索主题

试验探索主题中，自贸、试验区、企业、创新、监管、国际、制度、试验、探索、贸易、试点等词具有较高的概率分布。结合“一带一路”倡议内容可知，各地积极响应国家号召，成立自贸区等试点，在企业运营、财税改革、市场监管等方面做出了诸多尝试，为“一带一路”建设提供了宝贵的先行经验。

（5）文物保护主题

文物保护主题中，保护、史迹、文物、文化遗产、文物保护等词具有较高的概率分布。国内“一带一路”沿线地区的文化、文物资源分布较为丰富，是民心相通中旅游、留学教育等交流的重要关注点，对文化文物资源进行保护性开发，不仅有利于传播中华文明，而且能够实现经济文化的可持续发展。

（6）机制改革主题

机制改革主题中，外商投资、区域、产业、改革、机制、协调、分工负责等词具有较高的概率分布。地方政府在吸引外资、促进经济发展的同时也充分地意识到服务型政府对于建设“一带一路”倡议的重要性。因此，他们将产业调整、机制完善、协调发展等作为政府服务经济运行的重要方式。

四、基于 SNA 的政策网络合作分析

政策相似网络和社群网络可以直观地展现出“一带一路”政策发文主体的地位、主体之间的关系以及整体的架构。由于政策数量较多，包含国内外的政策文本，本章采用 R 语言对双边政策、国家层面政策（包括中央政策、国务院政策、各部委政策）、地方层面政策（地方政策）分别进行政策文本分析。

（一）整体性政策的网络分析

从通过相似度构建的“一带一路”整体性政策网络关系图中可以看出，左边是包含了全部节点的政策网络图，共包含125个节点和7682条连线。图中主体生成的连线越多，说明该主体与其他主体间的联系越多、越紧密。如图3-7所示，国务院、文化和旅游部、工业和信息化部等向外发出的连线较多，与国内各省以及沿线合作国家都有较多的联系，表明这些发文主体是我国在“一带一路”倡议推进过程中的核心发文主体。

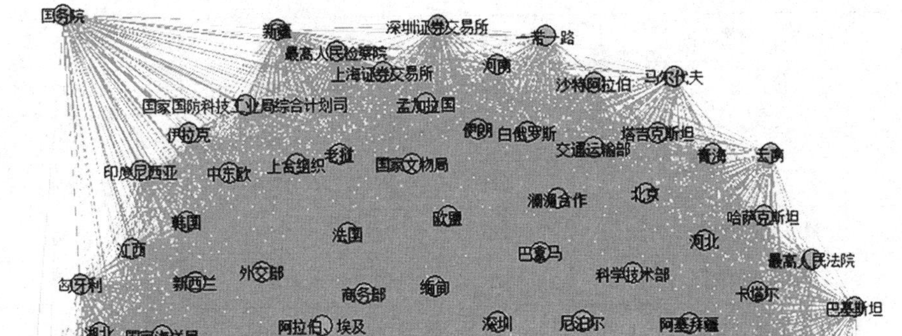

图3-7 整体性政策网络关系

网络密度分析可以测量出主体之间的互动程度，是网络实际连接数和最大可能的连接数之比，数值越大，说明主体之间的合作关系越紧密。网络密度取值为0～1，通常在0.5上下。根据计算可得，“一带一路”倡议整体的网络紧密度为0.98，远大于平均值，说明在“一带一路”的政策网络中，主体之间的联系程度非常紧密。

表3－7　政策文本的中心性分析

发文主体	点度中心性	接近中心性	介数中心性
国务院	122	0.0079	0.3278
海关总署	122	0.0079	0.3278
俄罗斯	124	0.0041	0.0079
东盟	124	0.0041	0.0079
中东欧	124	0.0041	0.0000
最高人民法院	123	0.0040	0.0000
文化和旅游部	123	0.0040	0.0000
工业和信息化部	123	0.0040	0.0000
上海证券交易所	123	0.0040	0.0000
深圳证券交易所	123	0.0040	0.0000

从表3－7中可以看出，国务院是“一带一路”政策发文的主导机构，位于政策的中心地位；海关总署作为对外交流执行部门，排名紧随其后。俄罗斯、东盟、中东欧作为国际合作伙伴，与我国政策互动密切，居于“一带一路”倡议政策网络的重要位置。另外，在我国各部委中，最高人民法院、文化和旅游部、工业和信息化部、上海证券交易所、深圳证券交易所五部门位列前十，说明在“一带一路”倡议的推进过程中，立法推进、文旅交流、贸易合作以及资本深化都有重要的推进作用。

（二）双边政策的网络分析

从通过相似度构建的“一带一路”双边政策网络图中可以看出，左边是包含了全部节点的政策网络图，共包含62个节点和1219条连线；右边是简化了的政策网络图。图中主体生成的连线越多，说明该主体与其他主体间的联系越多、越紧密。如图3－8所示，上海合作组织、乌兹别克斯坦、俄罗斯等向外发出的连线较多，线条显著的区域是政策的中心区域，表明这些主体是我国在“一带一路”倡议开展过程中的核心伙伴。双边政策中的网络密度为0.64，说明在“一带一路”的双边政策网络中，主体之间合作程度比较紧密。

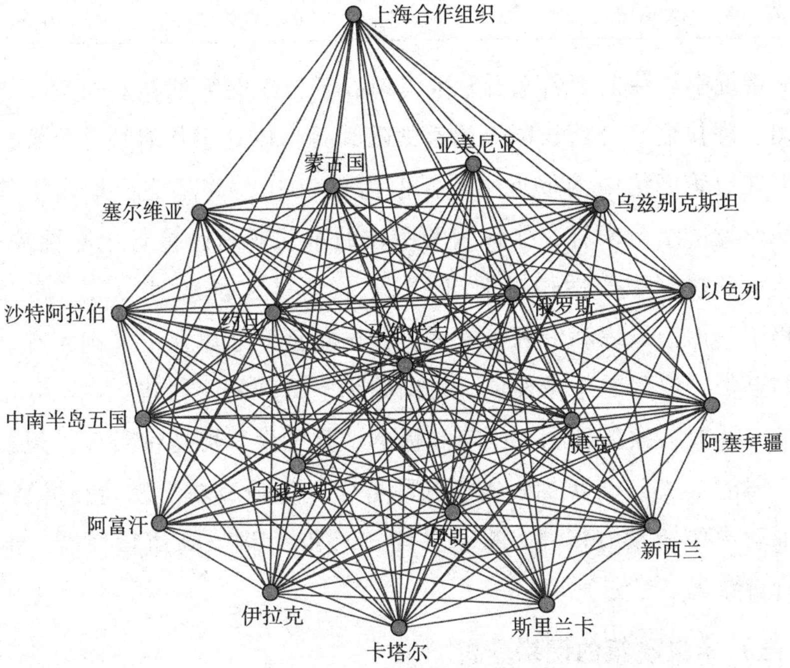

图3－8　双边政策网络图

表3－8　双边政策文本的中心性分析

发文主体	点度中心性	接近中心性	介数中心性
俄罗斯	44	0.0050	0.0338
吉尔吉斯斯坦	42	0.0049	0.0307
阿拉伯联合酋长国	39	0.0049	0.0289
哈萨克斯坦	42	0.0049	0.0321

续表

发文主体	点度中心性	接近中心性	介数中心性
塔吉克斯坦	40	0.0049	0.0292
匈牙利	38	0.0049	0.0293
保加利亚	39	0.0047	0.0471
柬埔寨	47	0.0047	0.0166
老挝	34	0.0047	0.0251
“一带一路”高峰论坛	31	0.0047	0.0145

从接近中心性前十名来看，俄罗斯处于合作网络的核心位置，吉尔吉斯斯坦、阿拉伯联合酋长国等国家紧随其后，也处于相对核心位置，但是俄罗斯在政策网络中的接近中心性值为0.0050，并未突出地高于其他地区。从研究的结论来看，除韩国及所在的东北亚地区接近中心性较低外，其他地区的接近中心性相对平均。这也说明了在推进“一带一路”倡议的过程中，出于地缘和资源等原因，我国与俄罗斯以及中亚国家有着相对密切的合作，但面对全球发展，我国始终坚持共商、共建、共享原则，秉持绿色、开放、廉洁理念，围绕高标准、惠民生、可持续目标，积极共建“一带一路”，并进一步加强抗疫国际合作，加强战略、规划和机制对接，围绕推动构建新发展格局，推动共建“一带一路”高质量发展、走深走实、行稳致远。

（三）中央政策的网络分析

1. 网络整体结构分析

从通过相似度构建的“一带一路”中央政策网络图中可以看出，该网络图共包含22个节点和230条连线。如图3-9所示，网络中各主体与其他主体之间的连线都比较丰富，使得网络整体构成了一个密度达到0.99的网络。国务院与各部委共同构建了一个相互联系、相互合作的覆盖“一带一路”倡议发展各方面的协同支持网。

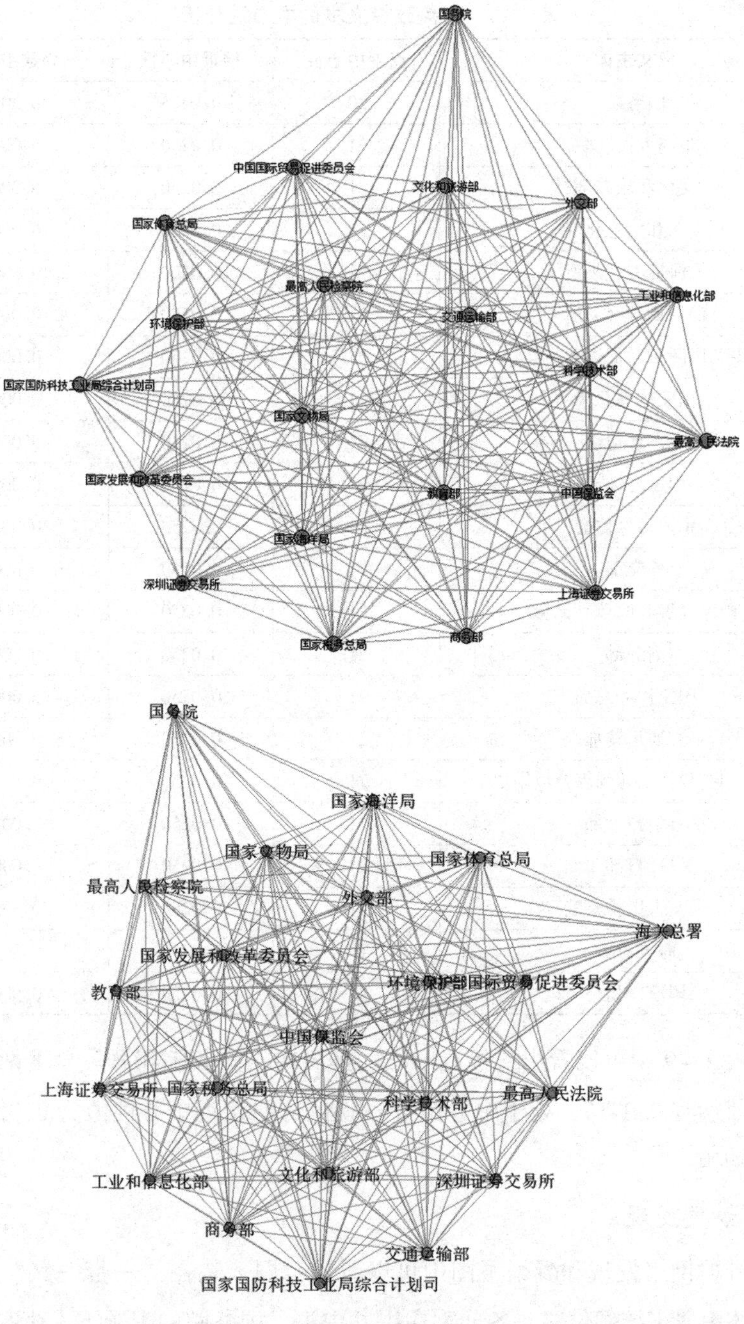

国务院
中国国际贸易促进委员会
文化和旅游部
外交部
国家体育总局
最高人民检察院
工业和信息化部
环境保护部
交通运输部
国家国防科技工业局综合计划司
科学技术部
国家文物局
最高人民法院
国家发展和改革委员会
教育部
中国保监会
国家海洋局
深圳证券交易所
上海证券交易所
国家税务总局
商务部
国务院
国家海洋局
国家文物局
国家体育总局
最高人民检察院
外交部
海关总署
国家发展和改革委员会
教育部
环境保护部
国际贸易促进委员会
中国保监会
上海证券交易所
国家税务总局
科学技术部
最高人民法院
工业和信息化部
文化和旅游部
深圳证券交易所
商务部
交通运输部
国家国防科技工业局综合计划司

图 3-9　中央政策网络图

表3－9　中央政策文本的中心性分析

发文主体	点度中心性	接近中心性	介数中心性
国务院	20	0.0455	0.3016
最高人民法院	21	0.0250	0.0002
文化和旅游部	21	0.0250	0.0002
工业和信息化部	21	0.0250	0.0002
上海证券交易所	21	0.0250	0.0002
深圳证券交易所	21	0.0250	0.0002
中国国际贸易促进委员会	21	0.0250	0.0002
国家体育总局	21	0.0250	0.0002
生态环境部	21	0.0250	0.0002
国家海洋局	21	0.0250	0.0002
中国银保监会	21	0.0250	0.0002
外交部	21	0.0250	0.0002
国家发展和改革委员会	21	0.0250	0.0002
商务部	21	0.0250	0.0002
国家税务总局	21	0.0250	0.0002
交通运输部	21	0.0250	0.0002
国家国防科技工业局综合计划司	21	0.0250	0.0002
科学技术部	21	0.0250	0.0002
教育部	21	0.0250	0.0002
最高人民检察院	21	0.0250	0.0002
海关总署	20	0.0455	0.3016
国家文物局	21	0.0250	0.0002

从表3－9中可以看出，接近中心性排名中，国务院和海关总署两点接近中心性值达到0.0455，处于中心位置。其他部门接近中心性值为0.0250，地位相对均衡。

2. 聚类发现

从社群网络发现和凝聚子图中可以看出，国务院在“一带一路”倡议的政策主体中居于统领位置。各部委在中共中央、国务院的带领下，落实各自部委业务领域的具体政策，为“一带一路”对内与对外的发展提供切实依据。

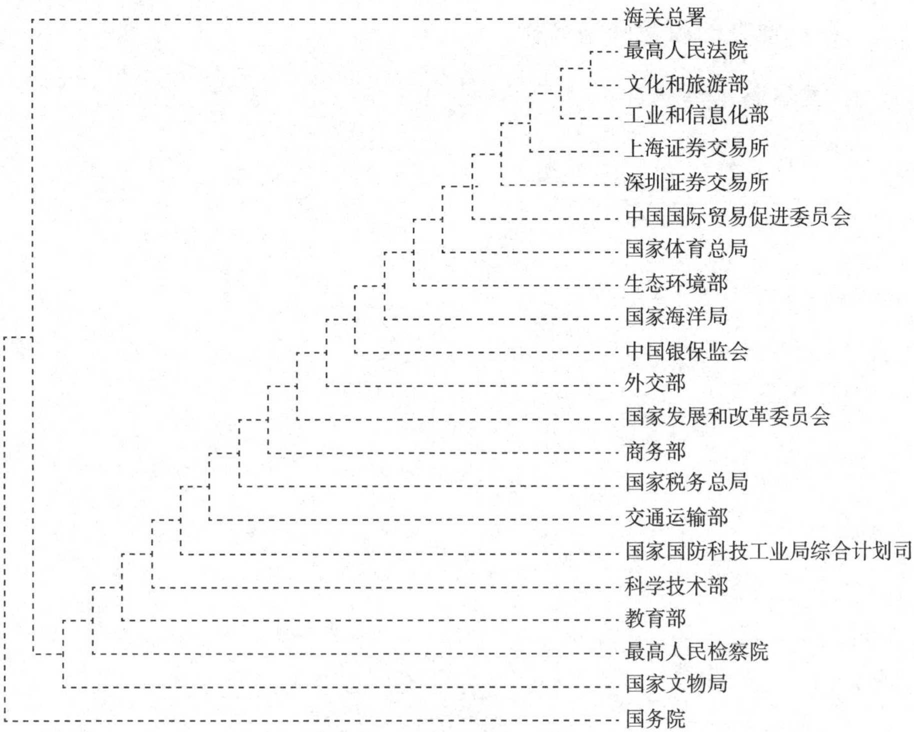

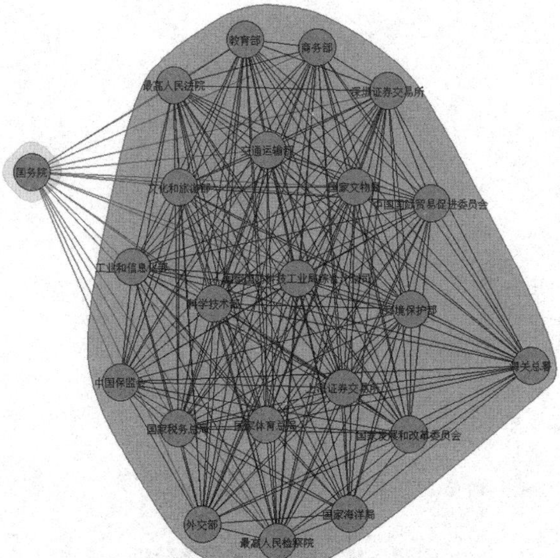

图 3 – 10　中央政策文本的社会网络分析

（四）地方的政策网络分析

1. 网络整体结构分析

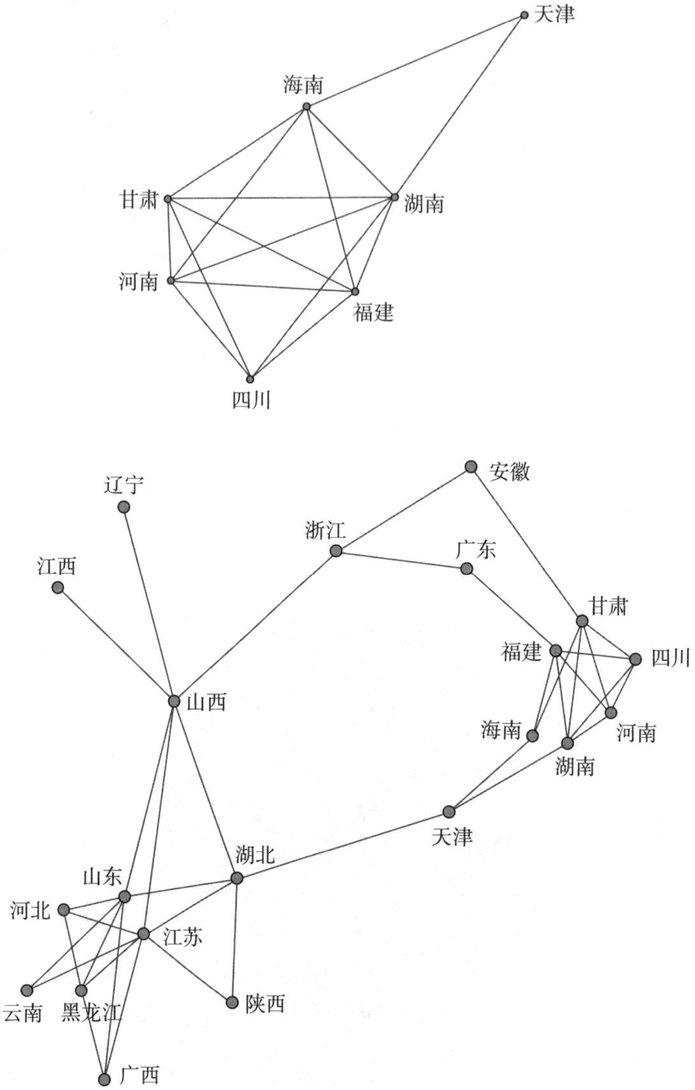

图 3－11　地方政策网络分析

结合图 3－11 可知，地方政策网络共有 21 个节点、43 条边，连线数量较少，政策的网络密度为0.2000，说明地方政府之间的紧密程度相对较低。从接近中心性上可以看出，山西以较小的优势领先位于政策网络的相对中心位置，其他地方政府主体相对稀疏地分布于网络之中（见表3-10）。

表3-10 地方政策文本的中心性分析

发文主体	点度中心性	接近中心性	介数中心性
山西	6	0.0200	0.5509
浙江	3	0.0182	0.3482
江苏	8	0.0172	0.2254
山东	7	0.0167	0.1526
湖北	5	0.0167	0.1798
安徽	2	0.0156	0.1886
天津	3	0.0149	0.1360
广东	2	0.0147	0.0596
辽宁	1	0.0145	0.0000
江西	1	0.0145	0.0000
甘肃	6	0.0143	0.1478
陕西	2	0.0137	0.0000
云南	3	0.0137	0.0325
广西	3	0.0137	0.0325
湖南	6	0.0123	0.0285
海南	5	0.0120	0.0140
福建	6	0.0119	0.0224
黑龙江	5	0.0114	0.0053
河北	3	0.0109	0.0000
河南	5	0.0098	0.0013
四川	4	0.0096	0.0000

2. 聚类发现

通过对地方政策进行社会网维分析可知，政策网络的聚类系数为0.5500，网络的平均聚类系数为0.5800，从网络聚类上可以看出，具有较好的聚类效果。

从图3－12中可以看出，“一带一路”倡议的21个地方发文主体可以分为三个子群，其中第一子群由陕西、江苏、山东等8省构成；另外两个子群中，一个子群由山西、浙江、安徽、辽宁和江西5省构成，另一个子群由广东、甘肃、福建、海南等8省构成。

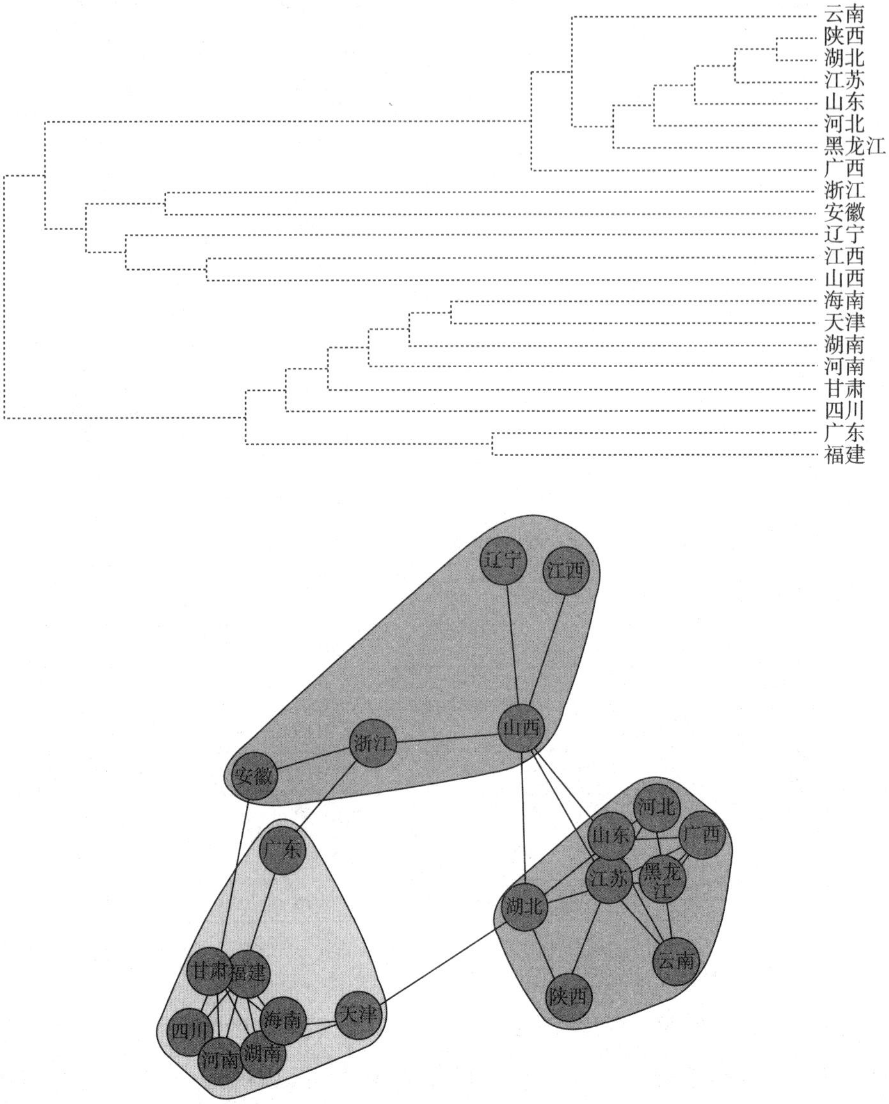

图3－12　地方政策的社会网络分析

五、总结

本章采用LDA和SNA对“一带一路”的政策进行了主题词分类和网络构建，研究发现，双边政策主要集中于政策沟通、贸易畅通方面，是中国与“一带一路”沿线国家和地区之间进行合作的框架性协议，对其他领域的合作起到了铺垫作用。虽然经过近10年，我国的合作项目“全面开花”，但协同度有待增强。国家层面的政策主要集中于支持服务、创新协调、文化保护、企业投资、创新监管五个方面，各部委积极出台政策，但相似度过高，缺乏本部委特色。地方层面的政策主要集中于引进外资、设施互通、创新服务、试验探索、文物保护和机制改革六个方面，是各地方结合区域禀赋响应国家号召的结果。但是沿线省份的政策网络地位不高，地方政府之间的协同性有待增强。

第四章
“一带一路”倡议的关注度分析

第一节　“一带一路”倡议的居民关注度

一、研究背景

“一带一路”倡议上承千年丝路文明，下启新时代民族复兴，是我国与丝路沿线国家互通有无、友善交往的共同心声，也是我国推动全球价值链重构的重要举措（戴翔、宋婕，2019），引起了国内外的强烈关注。2013 年 9 月和 10 月，中国国家主席习近平在出访哈萨克斯坦和印度尼西亚时先后提出共建“丝绸之路经济带”和“21 世纪海上丝绸之路”的重大倡议。近年来，为促进“一带一路”沿线国家和地区的沟通交流，我国各级政府围绕“政策沟通、设施联通、贸易畅通、资金融通和民心相通”的“五通”发展出台了多项政策，形成了众多的交流发展机遇。截至 2022 年 3 月底，中国政府已与 140 多个国家和 30 个国际组织签署了 200 多份政府间合作协议，将合作范围扩展至西欧、非洲和拉美地区，使中国在国际宏观经济政策协调中的角色产生了质的转变（崔琪涌等，2020）；围绕设施联通，我国聚焦“六廊六路多国多港”发展框架，推进铁路、港口、航空和能源方面的基础设施建设（马德隆，2020）；围绕贸易畅通，改善营商环境，有效地促进了沿线国家数字贸易的迅猛发展（王智新，2020）；围绕资金融通，我国发起成立亚洲基础设施投资银行、丝路基金，推动各类银行和保险机构等为“一带一路”建设提供资金支持，促进了人民币的国际化进程，同时国际直接投资通过技术溢出效应和资本积累效应强化了金融发展对经济增长的促进作用（文淑惠、张诣博，2020）；围绕民心相通，我国与“一带一路”沿线国家互办电影节、音乐节、图书展等活动，促进了沿线各国人民之间的友好交流，也面临着价值观多元化的挑战（张琦，2019）。9年多来，“一带一路”倡议得到了积极实践，影响力日益扩大。但国际社会对我国提出的以合作为中心的倡议题目仍存在疑虑，如何评价分析“一带一路”倡议在全球范围的关注度，在全球治理中把握合适的发声力度（曲甜、王艳，2019），构建多元化、精准的话语传播新格局（万秀丽、陈学琴，2020），是我国在新时期的重要命题。外因是变化的条件，内因是变化的根据，外因通过内因而起作用，因而“一带一路”倡议的推动要重视国内人民的关注度研究分析。然而，我国疆域辽阔，“一带一路”倡议覆盖的省份也各不相同，各自面临迥异的社会经济环境，不同省份和地区对“一带一路”倡议的关注度也有所不同，因此政策的执行效果也有所差异。“一带一路”沿线省份是否充分地关注倡议，关系到各地区是否抓住了政策机遇、形成了政策互动和区域协同的重大发展问题，也关系到顶层设计能否问政于民的重大问题。因此，对国内各地区人民对“一带一路”倡议的关注度进行衡量，对其社会经济影响因素进行探究，均具有重要意义。

二、研究综述

（一）调研方式

调研分析是评价政策关注度的直接方式。传统研究通过抽样调查来了解政策议题的关注度，并通过追踪数据来获取公众在特定时间内政策偏好的变化及其对政府回应性的影响。姑丽娜尔·吾甫力（2018）对300位喀什民众进行了“一带一路”的认知调研，研究发现，民众对“一带一路”倡议的认知程度较低且关注的持续性较差，但大多数民众表示愿意更多地了解和支持倡议。茹艳（2018）以来华留学生为调研对象，结合“一带一路”纪录片对“一带一路”沿线国家之间的跨文化传播现状进行研究，并对价值多元背景下的文化交流和传播问题进行探讨，研究发现，来华留学生对纪录片中所塑造的中国形象认同度有限、可信度存疑。

傅广宛和傅雨飞（2006）利用调研问卷对中部6省公民的公共政策关注度进行研究，发现政策关注度与公民的年收入之间存在微弱低度的正相关关系，学历与关注度之间存在高度的正相关关系。李秋蓉（2017）通过问卷调查的方式，调研普洱市哈尼族对国家民族政策认同的过程。傅广宛（2016）通过调研发现，不同社会性别的公民群体对公共政策制定过程都给予了高度的关注，但女性公民的政策关注度明显低于男性。男、女公民群体的参与方法偏好具有高度的趋同性。在乡级政策参与上，男、女两性公民群体的人数分布具有显著差异；在其他政府层级的政策参与上，男、女两性公民群体的人数分布没有显著差异。通过调研所获得的政策关注度虽然相对精准，但是面对政策的众多受众，该方式难以克服样本小、耗时耗力的缺点。

（二）公众媒体方式

随着学术界对调查方法信效度局限性的进一步认知（Mellon，2013），一批学者开始寻求将各类媒体作为测量公共关注度的有效途径，考察特定权威媒体或流行媒体在某个时间段内对特定议题的关注和讨论。然而，"媒体关注是否能真正代表公共关注度"这一疑问随后被提出，并在议程设置理论（Agenda - setting Theory）中获得广泛探讨。麦库姆斯认为，记者群体可能通过其对感知到的公共利益有所回应而推进公共议程，进而影响媒体议程（Mc - Combs，2004）。苏梅克和里斯（Shoemaker & Reese，2014）进一步用五维概念模型来解释媒体议程形成的影响因素。吴杰伟（2014）通过对比中菲两国媒体在"一带一路"和领土争端上报道立场的异同，分析菲律宾社会对待倡议的态度和社会经济领域的合作情况。秦玥（2019）通过对中国政府网上的"一带一路"新闻话题进行文本关键词聚类分析，提炼出了政策关注焦点。王蔚蔚（2019）梳理了"一带一路"新闻传播的相关内容，并从传播话语理论构建、传播方法拓展、传播模式创新角度提出建议。席耀一（2020）为及时准确地检测中亚国家对"一带一路"倡议的舆情关注情况，运用TEM模型对新闻文档主题词进行提取，并筛选出了具有代表性的文档辅助新闻主题解读。

（三）大数据引擎搜索方式

互联网与大数据等新兴信息科技在重塑公众生活和政府治理模式的同时，使网络数字足迹的采集和分析成为可能，因此，网络空间的海量行为数据为有效测量公共关注度提供了可行路径。Askitas 和 Zimmermann（2009）使用 Google 搜索引擎数据，发现关键词搜索量与失业率呈显著的正向关系，并为搜索引擎数据进行经济金融研究指明了方向。

张允（2015）基于百度搜索引擎数据，研究了新疆和福建两个省区的主流媒体关注度和选择倾向。冯妮（2018）运用百度搜索指数对“一带一路”倡议的关注度进行了时空分布的研究，但并未进行深入的因素分析。喻国明（2019）在研究社会认知和热点问题解析的过程中发现，“一带一路”倡议是 2016 年、2017 年、2018 年和 2019 年 4 年间居民关注的热点。

毛炎新在《林业政策关注度及网络影响力研究报告》一书中提取了 2006—2015 年我国各级林业系统的官网信息数据，运用大数据统计分析方法提取关键字频度、权重等因子来反映林业行业内所关注的内容及程度，为相关研究提供借鉴和参考。Wong（2018）从外交策略的角度，考察了地方政府如何影响中国的外交决策与执行过程，并结合各地政府的案例进行说明。Shin 和 Hwang（2017）采用市场分割法和敏感性分析法对居民的消费偏好以及对可再生能源政策的付费意愿进行了研究，提出要对不同的收入群体制定不同的消费策略。

近年来，伴随着大数据方法在方法论层面的日趋成熟、方法技术的日益丰富和研究议题的逐步拓展，且与传统社会科学方法逐步融合，大数据方法推进因果推论的能力逐步完善，更新着数据采集、概念测量、相关性分析、因果性与预测性分析等因果推论的各环节，形成了大数据与统计方法、大数据与小数据分析、大数据与实验研究、大数据模拟方法等多种生产和检验因果性知识的方法。

大数据时代的到来，集中体现为复杂多变的治理环境向传统的政府治理能力提出了挑战，但强大新颖的科技创新又为政府治理转型及能力提升创造了必要的基础条件。“大数据驱动的政府治理能力”依托治理理论和实践的发展，结合了互联网技术革命，是一种由互联网和海量数据支撑、涵盖更广泛内涵的政府治理能力，概括了政府治理能力建设在大数据时代所呈现出的新发展、新动态和新前景，这集中反映在功能拓展、技术支撑和应用创新三个方面。结合理论发展和实践应用，当前中国应大力加强基于大数据的开放政府、智慧政府、回应政府和濡化政府等模式创新，以全面提升政府决策能力、吸纳能力、整合能力、濡化能力和传统政府能力。孟天广、赵娟（2019）以网络搜索行为为例，基于百度搜索数据采集了2011—2017年26个政策议题的相关关键词指数，对公众的搜索行为与公共（政策）关注度进行探索性研究，研究发现这7年间，公众对文化娱乐议题的关注度最高，财政金融、就业、交通等财经和基础设施类议题次之，再次为教育、环保、卫生等民生类议题。同类议题关注度在省级层面具有历年趋同性，而不同议题的关注度存在地域差异性。面板数据分析发现，人口规模、消费物价指数、网民占比、失业率和经济发展水平等经济社会因素可以有效地解释议题显著度的差异，即公众对特定政策的关注度受到地区经济社会条件的显著影响。张崇和吕本富（2012）以商品市场的均衡价格理论为基础，探究了网络搜索数据与居民消费价格指数之间的相关及先行滞后关系，为利用互联网搜索对宏观经济进行预测提供了理论基础和实证参考。

赵忠旭等以全国31个省（区、市）的土地流转百度指数为基础，结合变异系数、地理集中度指数和相关系数等指标，对全国范围的土地流转网络关注度的时间与空间特点进行了分析，并对影响因素加以研究。研究发现，国家政策、地方GDP、网民数量等因素会显著地影响土地流转的网络关注度。谢嘉润等（2017）通过百度搜索指数，构建基于网络关键词搜索数据的货币政策公众关注度指标体系，实证分析了公众关注度与货币政策房产价格调控效果之间的相关关系，发现货币政策公众关注度对政策调控效果有显著影响。梁丽（2019）对住房的公众关注度与城市房价的因果关系以及各自的空间自相关性进行了分析，研究发现，公众关注度会显著地促进本地区和发展相近的城市房价上涨，并随着时间的推移而逐渐增长。

（四）智库研究方式

从智库研究出发，田赐（2020）对美国主要智库的“一带一路”倡议关注度研究进行了调查分析，发现美国智库对“一带一路”倡议认知整体上存在偏差，他们普遍把“一带一路”视作战略和中国实施战略扩张的工具，并对倡议前景提出了许多质疑。任孟山（2020）对“一带一路”倡议相关学术关注度的分析发现，“一带一路”倡议的传播效果明显不足，相关的理论构建也需要进一步加强。王继民（2019）通过中国知网和 Web of Science 数据库的文献数据，运用共词分析和聚类分析等方法对“一带一路”相关主题进行了研究。王润珏（2019）、张若蓉（2019）等也基于文献分析了“一带一路”倡议的学术关注度。

从制度的供求角度来看，以往的“一带一路”研究都是在优化供给、完善顶层设计，鲜有学者从制度的需求出发，对社情民意进行研究。调查问卷以抽样调查的方式获得政策的关注度虽然相对精准，但是面对政策的广大受众，调查问卷难以克服样本少的缺点。新闻媒体虽然能够及时全面地反映社会关注，但我国传统媒体的政府属性较强，核心职能在于确保意识形态的领导权、管理权和话语权，侧重媒体对政策的引导作用（王蔚蔚、邵培仁，2019）。在传统媒体中，受众仅是信息的被动接受方，从传统媒体视角很难分析出受众对政策的关注与态度。以搜索引擎为工具对“一带一路”倡议关注度数量进行的研究还比较少。研究仅以“一带一路”等少量关键词进行检索，无法全面覆盖“一带一路”倡议的概念，而且多停留在关注度的时空分布研究上，缺乏对“一带一路”倡议的社会经济影响因素的深入分析。

虽然搜索引擎数据仅是对一个关注点的关注量的概念，不具备情感等质的特性，但作为政策热点关注，结合社会经济因素进行结构化数据的计量分析却十分必要。因此，本章运用百度搜索指数对“一带一路”倡议相关的 7 个概念的关注度进行爬取运算，将其作为沿线各国人民对倡议的关注度，并结合社会经济因素对倡议关注度的省际时空分布进行计量分析。

本章的边际贡献主要体现在以下三个方面：①运用大数据的方法，以百度搜索引擎数据爬取居民对“一带一路”倡议相关概念的搜索次数，代表全体社会成员对“一带一路”倡议的关注度，可以更加全面评估全国不同地区居民对“一带一路”倡议的关注状况；②对“一带一路”倡议关注度的时空分布研究发现，“一带一路”倡议的关注度并非与地理分布完全一致，非“一带一路”沿线的经济发达地区也呈现较高的关注度，这打破了“一带一路”倡议应该更多地受沿线省份关注的惯性认知；③从社会经济等多方面对“一带一路”倡议的关注度进行因素分析，研究发现，“一带一路”倡议比较显著地受个人经济价值创造能力的影响，同时还较多地受到财政投资的影响，在“一带一路”倡议的推进过程中，政府行为发挥着举足轻重的作用。

三、“一带一路”倡议的居民关注度及影响机理分析

（一）“一带一路”倡议居民关注度的内涵

“一带一路”倡议关注的本质是一种政策关注，从公共政策研究的历史来看，人们对政策关注的认知随着时代的发展而变化。早期对政策关注度的认知停留在居民是否关注了政策、了解政策的内容，以便更好地执行相关政策。随着互联网技术的发展和民主政治的推进，尤其是新媒体的推广应用，用户可以更加便捷和真实地表达自己的政策观点，因此，新媒体具有许多传统媒体所不具备的对人赋权、赋能的作用（Macintosh et al.，2009）。现代居民对政策的关注度具有更加丰富的内涵，具有以下几个方面的属性。

1. 民主政治属性

社会经济发展使得各种新兴经济势力崛起，为争取更大的权利和社会福利，原有的利益阶层将会面临新的挑战，因而各个社会阶层的参政议政意识也更为强烈。互联网的普及为人们提供了更加丰富的信息和更加便利的参政渠道。网民通过搜索引擎了解政策信息，在新闻媒体平台表达自己的观点和利益诉求，打破了时空限制，实现了社会公众与政府间的双向互动。

2. 经济活动属性

“一带一路”倡议作为顶层设计，带动了社会经济的发展，蕴含着大量的发展机遇和经济利益。企业和居民通过政策分析来判断经济形势，寻求盈利空间。因此，居民关注“一带一路”倡议的行为本身也是一种经济价值发掘行为。

3. 自我实现属性

随着经济发展水平的提高，居民的生活水平和受教育水平也逐渐提高，政治生活的体验感受也越来越清晰。社会经济的发展促进了居民之间的联系，更多不同类型的社会组织得以建立，而政治参与有助于保护不同组织和团体的利益。因此，经济发展带来的是物质生活的满足和对政治生活与精神生活的向往（余楚滨，2018）。

（二）“一带一路”倡议与社会经济互动的影响机理

1. “一带一路”倡议关注是内因与外因的统一

居民参与政治生活需要一定的条件和环境，结合“一带一路”倡议关注的属性可以看出，居民对“一带一路”倡议的关注受自我驱动和社会经济的双重影响。从个人因素上看，个人收入、消费、受教育程度、互联网运用水平都是“一带一路”倡议关注的影响因素。其中最直接的就是个人的经济价值创造状况，更高的价值创造一方面能体现居民更高的社会价值发现能力和创造能力，另一方面意味着居民更高的生活水平、更多的闲暇时间、更好的政治参与条件。从社会经济因素上看，人口数量、政策引导、经济发展水平、居民消费水平以及就业状况都会影响居民对“一带一路”倡议的关注度。因此，居民对政治生活的关注可能还会受到居民消费价格水平、失业率、人口数量等社会因素的影响。居民效用的实现，一方面取决于支付水平，另一方面取决于物价水平。居民消费价格水平越高，同等支付能力下的效用就会越低。物价水平提高会使居民更多地关注基本生活，将降低居民对“一带一路”倡议的关注度。另外，“一带一路”倡议的居民关注度还可能受到失业率和人口数量等因素的影响。

2. “一带一路”倡议关注是政策制定和执行的桥梁

人民群众只有关注和理解政府政策，才能更好地参与政策实施，从而和政府形成合力，取得更好的政策实施效果。结合历史经验来看，政策制定和执行中往往面临着群众认知程度低、参与度不高的问题。政策宣传主要依靠《人民日报》《新闻联播》等官方媒体、节目，面对互联网时代流量经济的侵蚀，国家政策实施难以全面深入进行。政策实施主要依靠政府及大型国有企业投资，民营企业和个人投资动力明显不足。“一带一路”倡议关注度的提高有利于民众更好地理解政策、参与政策，更好地衔接政策的制定与执行。

3. “一带一路”倡议驱动着新一轮政策的制定和执行

“一带一路”倡议既要做好顶层设计，又要广泛地听取民意。互联网时代，社会成员会通过自身的行为，对国家层面提供的信息进行解读、传播和再生产，由此反映着政策的指向，影响着政策的参与程度和实施效果，并为新一轮的政策制定提供参考（胡健、胡留所，2020）。“一带一路”倡议关注又是新旧政策的衔接。因此，对搜索引擎数据进行分析，是评价前期政策效果、修正后期政策制定的重要途径。

四、研究设计

结合上述研究背景及理论假说，首先，本章将构建“一带一路”倡议的关注度指数，探究“一带一路”倡议关注度的时空分布规律；其次，结合社会经济指标，通过面板数据模型进行因素分析，对其影响效用进行精细化、定量化描述；最后，结合“一带一路”政策关注度的时空分布以及因素分析，提出相应的政策建议。

（一）计量模型设定

面板数据（Panel Data）是研究对象在时间和截面空间两个维度上取得的二维数据，是在时间序列上取多个截面，在这些截面上选取一致样本所构成的数据。因此，从横截面来看，面板数据是若干个体在某一时刻构成的截面观测值；从纵剖面来看，它是一个时间序列。面板数据结合了横截面数据和时间序列数据的优势，在方法论意义上有诸多优势：首先，面板数据扩展了样本量，为统计检验提供了更高的自由度；其次，提供了更多个体（或单位）层面跨时变化或跨时不变变量的丰富信息；最后，可以有效地解决遗漏变量（尤其是跨时不变遗漏变量）问题（Wooldridge，2002）。因此，面板数据模型成为探究宏观经济社会现象的常见计量模型，主要估计方法包括混合回归分析、随机效应模型和固定效应模型。结合本章的理论基础和研究假设，可将基准的面板模型设置为

$$bra_{it} = \beta_1 ln\_\ pergdp_{it} + \beta_2 cur\_\ gdp_{it} + \beta_3 cpi_{it} + \beta_4 ln\_\ pop_{it} + \beta_5 job\_\ less_{it} + \zeta_{it} \tag{4-1}$$

其中，*bra* 是指“一带一路”倡议在全国30个省（区、市）的关注度。其中，*ln_ pergdp* 为人均GDP的自然对数，*cur_ gdp* 为财政投入占GDP的比重，*cpi* 为居民消费价格指数，*ln_ pop* 为人口数量的自然对数，*job_ less* 为失业率；*i* 为全国30个省（区、市）（港澳台和西藏除外），*t* 为年份，有 $t \in [2001, 2019]$。

（二）变量说明

1. “一带一路”倡议关注度代理变量

根据2019年中国互联网络信息中心（China Internet Network Information Center，CNNIC）中国互联网调查，我国网民已达8.29亿人，而百度是我国最大的搜索引擎，2019年占我国搜索引擎市场的76.42%，用户数量覆盖了大多数的互联网使用人群。百度自2011年开始统计关注度指数，基础是网页搜索关键词的搜索量，百度搜索指数可以记录用户和媒体在PC端和移动端的搜索量，并根据现值与基期的值对搜索量进行指数化，能够有效地代表我国居民的关注偏好，是重要的舆情参考指数，也是众多的政策关注度研究的数据来源。所以，本章根据“一带一路”网中的丝路百科栏目，通过百度搜索指数采集了“一带一路”“一代一路”① “丝绸之路”“丝路”“中欧班列”

① 在互联网搜索中经常会有错字现象，如将“带”字误写为“代”，经搜索引证，“一代一路”的写法搜索数量非常高，遂将其纳入。

“人类命运共同体”“亚投行”7个关键词在2011—2019年全国30个地区的日搜索量数据。首先将30个省（区、市）的7个关键词的搜索天数加总为年数据，然后将各地区的7个关键词的年数据求平均值，并将其作为“一带一路”倡议的关注度指数，用以探究公众搜索行为的时空分布特征和因素分析。

2. 解释变量

结合理论分析可知，“一带一路”倡议关注度的影响因素包括个人因素和社会经济因素。省域数据很难体现出个人因素部分，仅涉及个人价值创造因素、政府财政投资指向因素以及居民消费价格指数、人口数量和失业率等社会经济因素。个人经济价值创造能力指标选取人均GDP、政府的购买行为因素选取财政投资占GDP比重作为解释变量；在社会经济方面，居民生活质量较低则容易为生计而劳作，难以对政策有较高的敏感性和关注度，而生活质量较高则更容易关注时政，因此，选取居民消费价格指数（CPI）指标作为解释变量。另外，一个地区的人口数量以及居民就业状况也有可能对居民的倡议关注度产生影响，因此，本书尝试将人口数量以及失业率纳入解释变量。

（三）数据来源

“一带一路”倡议关注度所包含的7个关键词数据来源于百度指数。为考察公共关注度的影响因素，本章采集了2011—2019年省级经济社会发展的变量。具体而言，地区经济发展通过人均GDP、地方财政支出占GDP比重、CPI、人口数量以及失业率来体现。为更好地体现数据指标的一致性，对人均GDP、人口数量进行取对，并对所有的变量进行描述性统计，如表4-1所示。

表4-1　变量的描述性统计

变量名称	样本数量	均值	标准差	最小值	最大值
bra	270	128.300	121.300	6.710	712.300
pergdp	270	54717	26317	16413	164000
pop	270	4581.0	2728.0	568.2	11521.0
job_ less	270	3.271	0.653	1.210	5.300
cpi	270	102.500	1.231	100.600	106.300

续表

变量名称	样本数量	均值	标准差	最小值	最大值
gdp	270	24649	19603	1670	107671
cur_ gdp	270	24. 97	10. 32	11. 00	63. 00
ln_ pop	270	8. 209	0. 736	6. 342	9. 352
ln_ pergdp	270	10. 810	0. 433	9. 706	12. 010
Number of id	30	30	30	30	30

资料来源：Wind 数据库。

五、“一带一路”倡议居民关注度的时空分布

（一）“一带一路”倡议居民关注度的时间趋势分析

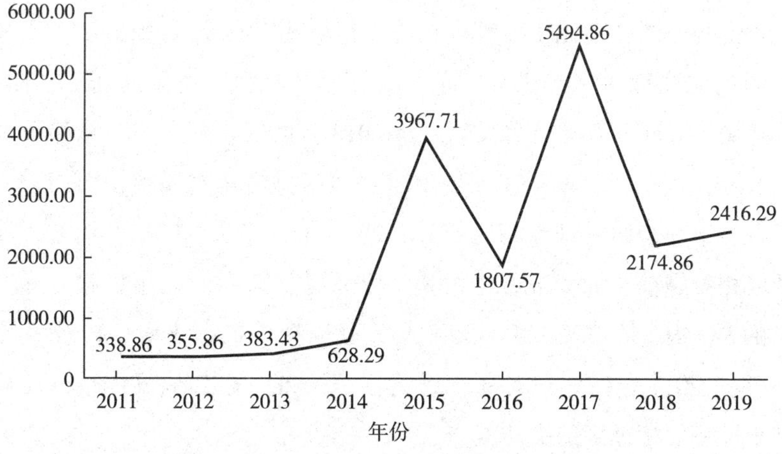

图 4－1　2011—2019 年“一带一路”倡议全国关注度的趋势

从图 4－1 可以看出，居民对“一带一路”倡议的关注度具有明显的非平稳性特征，2015 年和 2017 年倡议关注程度明显较高，其他年份相对较低。中国国家主席习近平于 2013 年 9 月和 10 月先后提出“丝绸之路经济带”和“21 世纪海上丝绸之路”，该概念的提出有一定的继承性和发扬性，继承是指对古代“丝绸之路”概念的继承，发扬是将历史概念与当代国情相结合，因此，该概念的提出更为深刻广泛地拓展了“一带一路”的意义。所以，从政

策关注度的数据来看，公众在2013年之前就有关注度数据，但整体水平并不高。2015年与2017年公众对“一带一路”的关注度相对较高，这是因为2015年国务院出台“一带一路”整体规划，并加大对“一带一路”沿线国家的金融支持，古代丝绸之路的陆上起点——西安获得了首批千亿元的投资。另外，丝路基金于2014年12月29日在北京注册成立，2015年在“一带一路”沿线项目投资中广泛地吸引了全国人民的注意，所以在2015年，社会公众对“一带一路”的关注达到了一个小高峰。2017年，习近平主席出席“一带一路”高峰论坛圆桌会议，在该论坛会议达成国际合作270多项，将社会公众对“一带一路”政策的关注度推向了一个高潮。

（二）“一带一路”倡议居民关注度的空间分布分析

从“一带一路”倡议的关注度排名（见表4－2）可以看出，近3年以来，各省份的关注度变化相对较小，整体排名相对稳定。2019年对“一带一路”的倡议关注度中，北京、广东、浙江、江苏和四川位列前五，而吉林、海南、宁夏、青海和西藏排名靠后。从2018年的“一带一路”政策关注排名中可以看到，广东、北京、江苏、山东和河南排名相对靠前，而内蒙古、海南、青海、宁夏和西藏排名相对靠后；2017年，北京、广东、山东、江苏和浙江排名相对靠前，而黑龙江、海南、宁夏、青海和西藏排名相对靠后。值得深思的是，从“一带一路”倡议的关键词搜索数据来看，传统意义上的“一带一路”沿线省份并没有高度地关注“一带一路”倡议体系，反而较大地落后于经济发达地区的关注度。

表4－2　各省对“一带一路”倡议的关注度及排名

省份	2011年	2012年	2013年	2014年	2015年	2016年	2017年	2018年	2019年	总计	排名
北京	36.29	35.00	48.14	114.86	463.43	307.00	712.29	337.29	442.71	2497.01	1
广东	44.29	37.86	56.14	118.71	585.00	300.57	663.86	341.43	348.29	2496.15	2
江苏	35.00	29.43	42.29	66.14	386.43	219.57	468.57	307.86	297.00	1852.29	3
山东	30.43	27.86	39.00	59.86	338.14	203.00	469.00	279.14	284.43	1730.86	4
浙江	44.00	37.86	49.14	89.43	234.57	205.00	451.29	168.57	306.43	1586.29	5
河南	29.00	26.71	38.29	77.14	292.43	189.86	413.14	258.86	252.00	1577.43	6

续表

省份	2011年	2012年	2013年	2014年	2015年	2016年	2017年	2018年	2019年	总计	排名
四川	25.57	23.86	34.43	67.00	280.71	227.29	393.29	185.71	287.57	1525.43	7
上海	29.43	27.29	39.00	82.71	322.86	188.57	383.43	157.14	273.57	1504.00	8
湖北	26.43	23.43	33.43	61.86	236.29	156.14	332.86	231.57	235.14	1337.15	9
陕西	27.71	26.00	38.43	78.14	221.57	168.57	296.14	227.57	227.42	1311.55	10
河北	25.86	24.43	32.57	64.00	234.00	150.71	368.71	188.71	181.14	1270.13	11
福建	28.57	25.00	35.43	68.14	227.57	138.14	296.14	199.43	206.86	1225.28	12
湖南	23.14	21.14	30.71	58.71	203.00	130.57	294.57	196.71	205.71	1164.26	13
辽宁	24.29	22.29	31.14	55.43	197.29	126.57	293.00	201.00	197.71	1148.72	14
安徽	23.29	20.71	30.14	57.57	201.00	119.43	274.29	160.43	174.86	1061.72	15
山西	22.71	20.86	29.00	42.29	186.43	126.71	281.14	152.86	172.71	1034.71	16
重庆	20.00	19.14	26.57	47.57	165.14	126.43	235.29	182.29	192.43	1014.86	17
江西	20.43	8.86	11.86	45.50	198.63	105.29	205.86	161.14	165.29	922.86	18
天津	20.71	20.14	29.71	53.00	166.57	112.43	202.86	156.57	154.43	916.42	19
广西	21.00	19.00	28.14	48.57	167.86	107.57	228.14	153.86	125.14	899.28	20
云南	18.71	18.00	24.86	50.00	138.86	107.86	208.57	156.29	158.57	881.72	21
甘肃	18.71	18.14	27.00	47.86	129.00	105.00	165.71	138.14	143.14	792.70	22
吉林	20.00	19.29	26.43	43.00	139.43	98.57	199.43	142.86	78.29	767.30	23
新疆	21.57	19.71	27.14	45.71	118.57	97.00	158.57	132.14	135.71	756.12	24
黑龙江	59.00	23.83	18.57	26.71	44.29	143.00	105.14	190.57	144.14	755.25	25
内蒙古	18.86	16.14	23.43	39.14	121.71	97.57	184.29	120.14	133.29	754.57	26
贵州	19.14	17.14	24.43	34.38	105.63	66.43	171.43	127.71	137.00	703.29	27
海南	15.43	10.86	14.00	25.33	96.17	61.00	104.57	83.29	73.71	484.36	28
宁夏	11.71	8.71	12.71	23.86	66.29	52.43	73.43	46.14	67.43	362.71	29
青海	7.57	6.71	8.71	17.57	52.43	44.00	68.43	54.14	56.57	316.13	30

从历年来各省份的“一带一路”倡议的关注度来看，北京、上海、山东、江苏、浙江和广东等经济发达的东部省市长期占据着倡议关注度较高的第一梯队，而“一带一路”沿线的省（区）如甘肃、新疆、宁夏、青海等西部地区居于关注度的第三梯队，除陕西省、河南省、湖北省以及四川省迈入“一带一路”倡议关注度的第一梯队外，其他省份的关注度排位基本符合东高西低的社会经济发展格局。

六、“一带一路”倡议居民关注度的影响因素分析

为深入分析“一带一路”政策关注度的影响因素，本章利用全国30个省（区、市）的倡议关注度与社会经济变量来构建面板数据模型，对影响因素进行识别与判定。首先，将可能对倡议关注度产生影响的因素分步加入模型，寻找显著性较高的解释变量，并进而判定拟合优度较高的模型。其次，通过面板分位数回归，对不同样本分布下的模型结果进行解读。最后，为了对不同经济状况地区的倡议关注影响因素更好地进行区分，对“一带一路”沿线和东、中、西3个区域进行了分组拟合，以此对不同地区的不同特征进行对比、观察，① 并对模型进行内生讨论和稳健性检验。

（一）基于面板数据的因素分析

一方面，政策关注度是居民的一种政治参与行为，根据人的需求定律，完成安全和基本生活需求的人才会更加关注社会和实现自我，这就意味着，收入越高、创造价值越多的人对“一带一路”倡议就会有越高的关注度。另一方面，“一带一路”倡议是由政府提出的，往往伴随着政府的投资和购买行为，这意味着居民的人均GDP和财政投资将会较多地影响模型的解释程度，因此，将取对后的人均GDP和财政支出占GDP的比重两个变量先后加入模型。然后，加入各地区的居民消费价格指数以及人口数量和失业率等变量。基准模型的分步回归结果如表4－3所示。

表4－3　基准模型的分步回归结果

变量名称	（1）*bra*	（2）*bra*	（3）*bra*	（4）*bra*	（5）*bra*
ln_ pergdp	360.580***	336.595***	312.201***	304.145***	317.706***
	(9.45)	(10.80)	(10.23)	(7.57)	(7.05)

① 本章采用国家统计局的统计口径，对我国的区域进行划分，东部地区包括北京、天津、河北、辽宁、上海、江苏、浙江、福建、山东、广东、海南11个省（市）；中部地区包括山西、吉林、黑龙江、湖北、湖南、河南、安徽、江西8个省；西部地区包括内蒙古、广西、四川、重庆（1997年后单列）、贵州、云南、陕西、甘肃、青海、宁夏、新疆、西藏12个省（区、市）。

续表

变量名称	(1) *bra*	(2) *bra*	(3) *bra*	(4) *bra*	(5) *bra*
cur_ gdp		11.536***	10.659***	10.517***	11.087***
		(4.42)	(4.38)	(4.41)	(4.31)
cpi			-7.795**	-7.734**	-8.104**
			(-2.72)	(-2.73)	(-2.74)
ln_ pop				106.014	117.054
				(0.28)	(0.32)
job_ less					31.193
					(1.24)
Constant	-3770.158***	-3798.934***	-2714.184***	-3500.005	-3815.675
	(-9.14)	(-10.39)	(-6.00)	(-1.25)	(-1.39)
F 检验	89.28***	58.49***	37.59***	28.54***	26.90***
Observations	270	270	270	270	270
R-squared	0.438	0.507	0.512	0.512	0.518
Number of id	30	30	30	30	30

注：Robust t-statistics in parentheses　*** $p<0.01$, ** $p<0.05$。

表4-4　面板分位数回归的结果

	(6)	(7)	(8)	(9)
变量名称	***bra25%***	***bra50%***	***bra75%***	***bra90%***
ln_ pergdp	331.2391***	317.3704***	296.6285***	270.4248***
	(11.12)	(12.03)	(6.72)	(3.44)
cur_ gdp_ percent	9.408858***	10.319250***	11.680800***	13.400900***
	(3.93)	(6.29)	(4.26)	(2.74)
cpi	-4.775375	-6.975010*	-10.264750*	-11.975000*
	(-1.00)	(-1.65)	(-1.46)	(-1.15)
Observations	270			

注：z-statistics in parentheses　*** $p<0.01$, * $p<0.1$。

从表4-4中可以看出，将人均GDP取对、财政投资占GDP比重以及CPI作为解释变量的模型，有更高的拟合优度，能够较好地解释“一带一路”倡议的实施效果。而增加了人口数量和失业变量的模型，拟合优度并没有明显提高，而且新增变量的显著性也不明显。从“一带一路”倡议的关注度分析来看，其影响因素的作用体现在以下几个方面：

在其他参数不变的情况下，人均 GDP 每增加 1%，“一带一路”倡议关注度增加 3.12 个单位，参数在 99% 的置信水平下显著。这表明人均 GDP 产出提高对政策关注度的增加有大幅的提升效应，且其正向影响效应具有显著的统计学意义。结合表 4－4 分位数回归可以看出，随着人均 GDP 的增加，该因素对“一带一路”倡议关注度的影响具有递减效用。这说明，人均的经济贡献越高，就越容易关注政策，但在一定程度上具有效用递减趋势。在我国的社会主义市场经济中，政策对经济的影响举足轻重，这早已成为共识。“一带一路”倡议蕴含着巨大的商机，是个人创造财富、企业赚取效益、地区实现发展的重要契机。在寻找和把握机遇方面，研究发现，相较于经济不发达的群体，人均 GDP 创造能力越强的群体，越关注政策，越能充分地利用政策。全国统一的政策在东西部地区得到的理解和运用也有很大区别，这在一定程度上解释了区域间差距更容易被拉大的现实困境。

在财政支出占 GDP 比重方面，如果保持其他参数不变，财政支出占 GDP 比重每提高 1%，“一带一路”倡议的关注度则增加 10.659 个单位，参数在 99% 的置信水平下显著。结合分位数回归可以看出，随着财政支出占 GDP 的增加，该因素对“一带一路”倡议关注度的影响具有递增效用。该指标与“一带一路”倡议体系的关注度显著地呈正相关性，这说明“一带一路”倡议的关注度较为明显地受到了政府投资的影响。中央政府对地方的投资以及地方政府的配套投资在很大程度上吸引着社会公众的关注度，在一定程度上也表明，我国目前的“一带一路”倡议体系还是比较依赖于政府的财政推动的。

在 CPI 方面，如果保持其他参数不变，CPI 每增加 1 个单位，“一带一路”倡议的关注度则下降 7.795 个单位，参数在 95% 的置信水平下显著。结合分位数回归可以看出，随着居民消费价格指数的增加，该因素对“一带一路”倡议关注度的影响具有反向递增效用，但参数的显著性有限。这说明通货膨胀越高，对政策的关注度就越低。这可能是因为在通货膨胀较高时，居民生活水平在一定程度上会受到影响，给生活消费带来一定的压力。生活压力大，人就更容易关注基本的生活需求，而忽略对政策的敏感性和关注度。

在人口数量方面，影响并不显著。2011 年以来，互联网的发展让社会公众可以通过使用智能手机、电脑等网络接入设备，进行便利的网络检索，所以，网络条件基本上已经不再是居民关注政策的限制性条件。关注度指数作为指数化产品，也在一定程度上消除了人口数量带来的“一带一路”倡议关注度的影响。在失业率方面，研究发现，失业与“一带一路”倡议关注度的回归系数并不显著，说明就业状况并非影响政策关注度的重要指标。

（二）模型的异质性讨论

为了进一步讨论“一带一路”倡议关注度影响因素的异质性，本章对“一带一路”沿线以及东中西部 3 个地域不同社会经济环境下的倡议关注度进行对比，研究发现，“一带一路”沿线的影响因素差别比较显著，东中西部 3 个地区的“一带一路”倡议关注度影响因素差异也比较显著。

表 4－5 是否属于沿线省份的“一带一路”倡议关注度结果对比

变量名称	（10）	（11）
	沿线省份	非沿线省份
	bra	*bra*
ln_ pergdp	344.317***	279.301***
	(7.39)	(6.84)
cur_ gdp_ percent	16.406***	9.352***
	(3.37)	(3.63)
cpi	−12.371***	−4.722*
	(−3.52)	(−1.16)
Constant	−2666.321***	−2674.761***
Observations	(−3.79)	(−3.99)
	117	153
R－squared	0.568	0.480
Number of id	13	17
F	25.46	17.67

注：Robust t－statistics in parentheses $^{***}p<0.01$，$^{*}p<0.1$。

结合表4-5可知，无论是否属于“一带一路”沿线地区，相关解释变量都比较显著，从是否“一带一路”沿线省份的影响因素分析上可以看出，“一带一路”倡议的影响因素都比较显著，但“一带一路”沿线地区的影响因素系数绝对值均大于非“一带一路”沿线省份，反映出“一带一路”沿线省份相比非沿线省份具有更高的社会经济影响弹性。相较于“一带一路”非沿线省份，取对后的人均GDP和财政投入占GDP的比重两个因素对“一带一路”倡议关注度具有更大的影响力，居民消费价格指数也具有更大的反向影响。

表4-6　东中西部3个地区的“一带一路”关注度结果对比

变量名称	(12) 东部关注度 *bra*	(13) 中部关注度 *bra*	(14) 西部关注度 *bra*
ln_ pergdp	360.015***	304.961***	238.759***
	(5.51)	(10.64)	(6.83)
cur_ gdp	22.408**	6.686***	5.359**
	(3.12)	(3.78)	(3.12)
cpi	-17.078***	-9.129	-4.072*
	(-3.44)	(-1.34)	(-2.08)
Constant	-2519.048**	-2335.260**	-2192.966***
	(-2.85)	(-2.78)	(-5.69)
Observations	99	72	99
R-squared	0.549	0.622	0.590
Number of id	11	8	11
F	15.70***	60.10***	19.38***

注：Robust t-statistics in parentheses　*** $p<0.01$，** $p<0.05$，* $p<0.1$。

结合表4-6中针对东中西部3个地区的因素分析可以看出，取对后的人均GDP、财政投入占GDP比重以及CPI 3个变量对“一带一路”倡议关注度的影响具有显著的区别。在人均GDP以及财政投资占GDP比重的正向作用上，东部地区明显大于中部地区和西部地区，西部地区也明显地落后于中部地区和东部地区。CPI的参数也具有明显的东中西部地区不平衡特征，东部地区的CPI参数对“一带一路”倡议关注度的负向影响幅度也更大，中部次之，西部最低。CPI参数在一定程度上也说明，东部地区在消费水平较高的情况下，生活消费压力带来的政策关注更具弹性，而中西部地区的消费水平相对较低，物价指数带来的政策关注度的负向影响也相对较低。

结合“一带一路”倡议关注度是“一带一路”沿线省份以及东中西部3个地区的分组拟合，更加说明“一带一路”倡议关注度具有两个特征：①地理分布特征，即“一带一路”沿线地区和非沿线地区对社会经济因素的敏感性有较大的区别，“一带一路”沿线地区的人均GDP、财政投资占GDP比重以及居民消费价格指数比非沿线地区更多地影响了“一带一路”倡议关注度。②经济利益驱动特征，即地区经济越发达，越关注政策，政策运用可能做得越好；而经济越落后的地区，对政策的关注度越是不够，越难发挥政策的效用。这也说明同样的政策在不同的地区会得到不同的关注和反馈，政府在制定全面性的政策时，尤其是针对经济发展相对落后的地区制定政策时应更加重视这一问题。

（三）模型的内生性讨论与稳健性检验

“一带一路”倡议关注影响因素分析模型可能存在一定程度的内生性，其原因如下。

1. 部分自变量与因变量之间可能存在互为因果的关系

人均GDP越高，居民的“一带一路”倡议关注度可能就越高。“一带一路”倡议代表着一定的发展机遇，对“一带一路”倡议的关注又会促进居民人均GDP创造的增加。财政投资属于政府购买行为，与居民关注度之间不具备逻辑上的因果关系。CPI过高反映了居民生活中的物价水平较高，生活质量受到了负面影响，为保证生活而努力关注生活等基本生活需求，进而与关注度呈反向关系，但反向解读并不成立。因此，在本章的模型中，人均GDP可能与“一带一路”倡议关注度互为因果关系。

2. 遗漏变量

从“一带一路”倡议的内外因分析来看，“一带一路”倡议可能受内外因的双重影响。但从省域的社会经济因素分析，可能无法全面涵盖人均受教育水平、互联网使用程度等因素，因此，存在遗漏变量的可能性。结合

表4－3基准模型的分步回归结果可以看出，失业率对因变量无影响。但失业率代表着有效的劳动力未能充分就业，会分摊掉GDP的份额，从而造成人均GDP被低估。因此，失业率会对自变量人均GDP产生影响，但又不会对因变量即“一带一路”倡议关注度产生影响，所以，模型的内生性可以被当作工具变量来处理，结果如表4－7模型（15）所示。结合表4－3的基准回归可以看出，使用工具变量后的估计系数并未发生明显变化，除CPI显著性有所降低外，其他参数的显著性均相对较高。

为进一步验证模型的稳健性，本章通过分组抽样回归和更换回归方法进行稳健性检验。首先，将关注度等分为高、中、低3个组别，选取中度关注的省份数据进行回归可得到模型（16），可以看到，与前文中的总体回归以及分东中西部3个地区的回归相比，模型的参数系数以及显著性都没有发生显著变化。Arellano和Bond（1991）提出用差分GMM法对所有样本数据进行面板数据拟合，之后Arellano和Bover（1995）在差分GMM模型的基础上进一步提出了系统GMM模型，并由Blundell和Bond（1998）进行了拓展。在差分GMM和系统GMM模型的基础上，Roodman（2009）提出了线性GMM模型法，该方法可以有效地避免降低Hansen检验的有效性，更加适用于短面板模型的动态估计，因此，模型（17）选择线性GMM模型法进行稳健性检验。从3种GMM模型的拟合结果来看，回归系数及其显著性与前述的不同方法和不同区域下的拟合比较相似，且都非常显著。因此，稳健性检验说明模型的稳定程度比较高，具有科学的解释性。

表4－7 模型的稳健性检验

	(15) 工具变量法	(16) 中等关注度	(17) 线性 GMM
变量名称	*bra*	*bra*	*bra*
ln_ pergdp	312.2013***	250.1500***	308.0240***
	(10.63)	(8.16)	(7.80)
cur_ gdp	10.65856***	11.45000***	20.36500***
	(5.13)	(6.00)	(2.82)

续表

	(15) 工具变量法	(16) 中等关注度	(17) 线性 GMM
变量名称	*bra*	*bra*	*bra*
cpi	-7.79484*	-15.49700***	-9.90800***
	(-1.60)	(-4.21)	(-3.03)
Constant	-2714.184***	-1232.157*	-2694.798***
		(-1.95)	(-5.21)
Observations	270	90	270
R-squared	0.5118	0.5970	
Number of id	30	10	30
F	5.75***	118.90***	
Wald chi2 (3)			113.9***

注：Robust t-statistics in parentheses　*** $p<0.01$，* $p<0.1$。

七、结论与政策建议

结合机理分布、“一带一路”倡议关注度的时空分布研究以及因素分析，可以得出以下结论：

第一，从“一带一路”倡议关注度排名上可以看出，“一带一路”倡议关注度打破了沿线地区关注度更高的惯性认知，也打破了自然地理和行政区域的空间局限，其分布具有多重特征。相比经济发达的沿海地区，“一带一路”沿线的居民并未更多地关注“一带一路”倡议，也更难以充分运用“一带一路”倡议发展自身来缩小区域间差距。因此，在政策制定的过程中，调动经济欠发达地区的政策关注度和参与度，是一个重要命题。

第二，“一带一路”倡议关注度较多地依赖于政府投资。我国目前在推动“一带一路”倡议，通过大型会议和财政投资等手段取得了良好效果，但这一过程中政府发挥着先导作用。这符合政策和“一带一路”倡议初期阶段的特征，即由政府提出“一带一路”倡议和创造良好的基础条件，并在前期执行中发挥表率性作用。但“一带一路”倡议效用的充分发挥，还有赖于沿线地区的广泛关注和深度参与，充分发挥政府和市场的双重作用，将“一带一路”

倡议的影响力和效果发挥到最大。

第三，物价水平是影响居民生活消费质量及其对“一带一路”倡议关注度的重要因素。物价水平作为衡量居民生活消费质量的指标是具有公允性的，从本章的研究结论可以看出，消费价格水平不仅会影响居民的生活质量，还会影响居民的倡议关注度，即有可能进一步地影响居民的参政行为。打造社会治理共同体需要良好的社会经济环境，对维持物价稳定、保障人民群众的生活水平具有重要意义。

上述结论意味着，“一带一路”倡议关注度对倡议的实施具有重要意义，而倡议关注度又受当地社会经济因素的影响。为有效提升倡议关注度，促进“一带一路”倡议的全面协调推进，提出以下几个方面的建议。

（1）“一带一路”倡议要打破地理空间的局限，发动更多主体、更大区域的参与。“一带一路”倡议应该包括更加广泛的区域和内涵，它不仅是“陆上丝绸之路”与“21 世纪海上丝绸之路”的组合，而且是“一带一路”沿线省份和地区的政策导向。国内各省份和地区都可以广泛地参与“一带一路”的建设与发展工作，各地区应该结合自己的优势，把握时机，与国家的大政方针结合起来，打破自然地理和行政区域的空间限制，努力投身于“一带一路”建设中。以“一带一路”倡议推动区域经济的深度融合与协调发展，形成以政府倡议为导向、有别于城市圈和经济圈、覆盖面更广的一体化大纵深战略。

（2）“一带一路”倡议是由我国中央政府推动、各级政府广泛响应的一套全方位的政策体系，但这一套政府体系不应仅是中央政府的一个号召，它需要地方政府、地方企业和居民结合自身的禀赋提出更为丰富的、具体的实施方案。政府要努力将由财政政策支持的“一带一路”政策体系设计转型为财政与货币政策相结合的政策体系，广泛地运用税收、转移支付、差别利率等多种方法与工具调动社会积极性，共同构建一个生态完整的政策体系。

（3）从舆情视角来看，“一带一路”倡议的制定要充分地吸收舆情信息，既要科学合理，符合人民群众的根本利益；又要具有积极的社会文化意义，引导人民群众理解和践行规划设计。政策制定和倡议实施要充分考虑社情民意，而且是不同社会经济状况下的社情民意。“一带一路”倡议是与全面建设小康社会、建设国内国际“双循环”的时代背景相呼应的。全面建成小康社会，需要充分调动经济不发达的“一带一路”地区的政策关注度和参与度，帮助不发达地区通过国内、国际贸易和市场实现共同富裕。这也就要求我们要对社会经济欠发达地区，尤其是“一带一路”沿线的欠发达地区进行政策的宣传和引导，促使当地民居更多地了解政策、利用政策，实现人民生活水平的提高和社会经济的健康协调发展。

第二节　“一带一路”倡议的媒体关注度

媒体是信息传播的主要通道，是政策从生产端到实施端的必要环节，在政策制定和实施过程中都发挥着重要的作用。在互联网的冲击下，传统媒体的公众关注度不断被分流，作为党和政府“喉舌”的主导地位也受到了挑战，因此，从全媒体视角探究“一带一路”倡议的报道来源和情感导向具有重要意义。

一、媒体类型分析

表4-8中的媒体数据来源于智思互联网大数据平台，比较全面地覆盖了境内外新闻、论坛以及博客、微博、微信、Facebook和移动客户端、数字报等媒体平台，时间范围为2010年1月1日1:00至2020年8月18日23:55，信息数量为17605074条。

表4-8　“一带一路”倡议的媒体报道来源

媒体数据来源	占比/%
新闻	38.67
微信	30.33
移动客户端	16.84
微博	9.41
数字报	4.31
论坛	0.44
博客	0.00

从表4－8中可以看出，对“一带一路”倡议关注度最高的媒体是新闻，占全部报道来源的38.67%。随着互联网的普及，微信、微博等作为新兴媒体，成为新闻事件的重要传播平台。在“一带一路”倡议的传播中，微信占媒体关注量的30.33%，成为第二大关注平台；移动客户端占媒体关注量的16.84%，是“一带一路”倡议的第三大关注平台；微博占媒体关注量的9.41%，成为第四大关注平台；其余为数字报、博客和论坛等平台。从媒体关注来看，新闻作为主流媒体垄断政策等报道的格局被新兴媒体打破，形成了以新闻媒体为主、多种移动媒体相互补充的新闻报道体系。

二、媒体发布排行榜

从表4－9中可以看出，新闻平台中，搜狐新闻、腾讯新闻、网易新闻、今日头条和一点资讯是排名前五的客户端；网站中，中国新闻网、中国经济网、云南网、东方财富网以及搜狐网是排名前五的网站；微信平台中，若羌零距离、政治学、丝路新观、冶金工业、圣彼得堡是排名前五的微信公众号；微博平台中，兰州故事、时尚兰州、兰州全媒、花牛旅行、兰州宣言是排名前五的微博账户。

表4－9　主要媒体发布排行榜

媒体来源	报道平台	报道量/篇	媒体来源	报道平台	报道量/篇
新闻客户端	搜狐新闻	66211	微信	若羌零距离	609
	腾讯新闻	51763		政治学	607
	网易新闻	48728		丝路新观	574
	今日头条	47558		冶金工业	537
	一点资讯	38178		圣彼得堡	494
网站	中国新闻网	142564	微博	兰州故事	1344
	中国经济网	66460		时尚兰州	710
	云南网	169		兰州全媒	691
	东方财富网	86		花牛旅行	665
	搜狐网	42		兰州宣言	664

从对“一带一路”倡议报道的平台中可以看出，主流媒体的报道量相对集中，而微信、微博等平台的报道量相对分散。互联网得到普及后，新兴互联网媒体的门槛大大降低，自媒体大量出现，其力量虽然分散，但由于数量众多、观点不一，也成为媒体关注中不可忽视的一组力量。

三、媒体报道情感分析

从媒体报道的情感分析来看，对“一带一路”倡议的报道偏向正面，以客观理性为主，负面报道占少数。其中，正面的新闻报道占 50.49%，中立的新闻报道占 33.37%，负面的新闻报道占 16.14%。值得注意的是，这里的“负面”是指情绪中的负向词义，如“风险”“不确定性”“困难”“障碍”等。适当的负面报道表明公众对“一带一路”倡议所蕴含的风险有一定的认知，这对全面深入了解“一带一路”倡议、开展相关工作具有重要意义。

表 4-10　“一带一路”倡议媒体报道的情感分析

情感类型	占比/%
正面的新闻报道	50.49
中立的新闻报道	33.37
负面的新闻报道	16.14

第三节　“一带一路”倡议的学术关注度

“一带一路”倡议提出近 10 年来，学术界涌现出大量研究成果，对“一带一路”建设具有重要的参考价值。系统分析和总结“一带一路”倡议相关的学术研究，对构建“一带一路”倡议相关的理论体系、指导社会经济实践、推动“一带一路”迈向更高标准的发展阶段具有重要意义。

从已有的研究成果来看，孙挺等（2015）较早使用了 CiteSpace 对中文社会科学引文索引中的“一带一路”文献进行研究，但由于距“一带一路”倡议提出的时间较短，中国知网所收录的学术研究尚处于萌芽状态。因此，虽然该研究为后来的研究者提供了崭新的思路，但就其内容而言，信息量相对有限。陈东军等（2017）的研究表明，国家治理、对外贸易、新型城镇化、粮食安全、周边外交、贸易格局是当期学术关注的重点。邱鹄和王华（2020）的研究发现，2013—2018 年，CSSCI 数据库收录的“一带一路”相关研究迅速增加，并且研究内容广泛地涉及“一带一路”倡议的历史渊源和内涵、经济发展、能源合作、人民币国际化、基础设施建设、FDI、风险防范等主题，形成了研究数量上的积累，在研究的质量上还有进一步提升的空间。王淑芳（2020）对 2014—2019 年由中国知网收录的 848 篇论文分析得出，该时期的研究成果持续增加，研究主题不断拓宽，研究深度也有所加强。研究中具有较大影响力的是经济学、国际贸易和地理学等领域研究。对“一带一路”倡议的研究并无明显的地域性特征，而且合作度不高，跨机构和跨地域的研究成果较少。

也有学者从具体领域的视角，通过文献计量的方式对“一带一路”倡议进行了研究，如王婷婷（2019）通过关联词分析、TF - IDF 词频分析和 LDA 主题词模型对“21 世纪海上丝绸之路”相关文献进行了文本挖掘和可视化分析；王淑芳（2020）对“一带一路”相关的地缘经济进行了文献计量和知识图谱分析；李宝贵（2020）对“一带一路”相关的语言研究进行了研究；冀钦（2019）对“一带一路”倡议下的中外能源合作研究进行了梳理。

总体来看，随着“一带一路”倡议的发展，学术研究成果越来越丰富，涉及的广度和深度都有长足的进步。目前，对“一带一路”倡议的综述性研究截至 2019 年。随着时间的推移，及时更新研究数据、进行全面分析具有重要意义。

本章数据来源于中国知网，以“一带一路”“丝绸之路”等关键词检索 1996 年 1 月 1 日至 2020 年 8 月 18 日的数据，选取文献共计 89343 条。

一、总体关注趋势分析

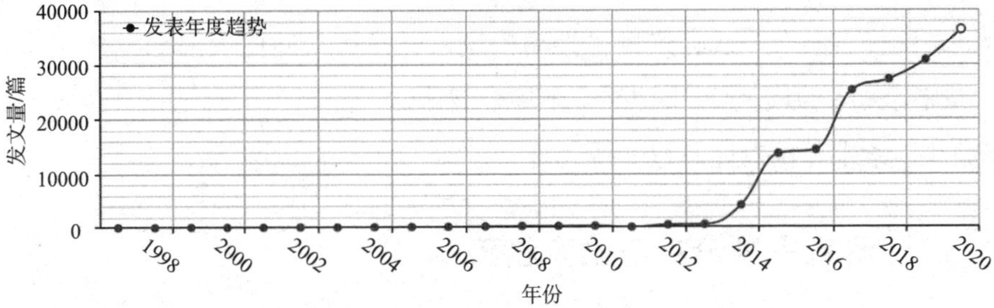

图 4-2　1998 年 1 月 1 日至 2020 年 8 月 18 日“一带一路”相关研究数量

从图 4-2 中可以看出，我国对“一带一路”相关的研究起步于 2013 年，即习近平主席自 2013 年 9 月和 10 月先后提出建设“丝绸之路经济带”和“21 世纪海上丝绸之路”的倡议后，学术界开始对“一带一路”倡议的相关领域进行大规模的研究。从研究发展来看，可以将相关研究分为以下 3 个阶段。

（一）第一阶段：研究的起步阶段

2013 年是“一带一路”倡议相关学术研究的起步阶段，倡议一经提出，新疆大学就在 2013 年 11 月推出了“丝绸之路经济带专栏”，连续发表 7 篇论文，结合新疆的实际建设情况探讨如何面向中亚、融入“一带一路”建设，成为国内研究的先行者。

（二）第二阶段：研究的快速发展阶段

2014—2016 年是研究的快速发展时期，经过 1 年的酝酿，学术研究成果开始大量涌现。2015 年 5 月，中俄签署《关于丝绸之路经济带建设和欧亚经济联盟建设对接合作的联合声明》，达成建设共识，为“一带一路”倡议的发展铺平了道路，引起了国内外学者的广泛关注。

（三）第三阶段：稳定发展阶段

进入2017年，商务部、国家发展改革委等部门出台了一系列的相关文件，对“一带一路”倡议所涉及的贸易和投资进行了规范和引导。2018年，十三届全国人民代表大会一次会议将“推动构建人类命运共同体”写入《中华人民共和国宪法》，习近平总书记在多个场合阐述这一立意，引起了社会各界的持续关注，学术界也对此进行了持续研究。

二、研究主题分布与演变趋势

从文献数据库中对学术研究的摘要进行关键词提取和聚类，可以有效地反映出研究主题的分布。使用CiteSpace将阈值设为前60，选择最小生成树算法进行聚类，可以得到图4－3的研究主题。

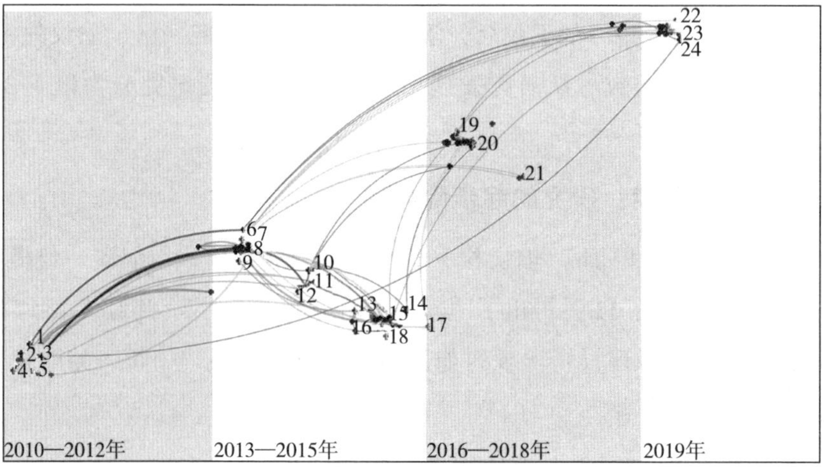

1——发展战略；2——印度；3——中美贸易摩擦；4——中亚；5——比较优势；6——企业“走出去”；7——全球治理；8——开发性金融；9——出口贸易；10——沿线国家；11——能源合作；12——民心相通；13——贸易便利化；14——人民币国际化；15——人才培养；16——互联互通；17——对外直接投资；18——基础设施；19——跨境电商；20——金融支持；21——逆全球化；22——国际话语权；23——文化自信；24——高质量发展

图4－3 “一带一路”倡议的学术关注演进分析

从图4－3中可以看出，“一带一路”倡议在3个阶段具有不同的侧重点。

在第一阶段，关于“一带一路”倡议的研究主要集中在当时的社会背景上，如印度崛起、中美贸易摩擦等给我国和平发展中的对外贸易造成了相当多的不确定性影响。面向中亚重建“一带一路”，可以更加充分地利用我国多年来所形成的比较优势，对国内资本“走出去”、企业开展对外贸易具有重要意义，是当时我国所形成的重大发展战略。

在第二阶段，形成了以“五通”为支点，贸易投资、能源合作、人民币国际化、人才培养和基础设施建设等多个领域全面开花的研究格局。在这一阶段，“一带一路”研究的数量迅速增加，研究的深度也较第一阶段有所突破。

在第三阶段，文化自信、高质量发展和国际话语权成为“一带一路”研究的重点。随着中国社会经济的发展，作为综合实力越来越强的经济体，中国如何对“一带一路”建设中的自身发展进行重新定位，以更加自信、开放、包容的面貌与合作伙伴开展交流成为当下的命题。

从以上研究梳理可以看出，随着社会经济的发展，有关“一带一路”的学术研究重点在不断地发生变化。学术研究来源于社会发展中的重大命题，对社会经济的发展具有重要的指导意义，在一定程度上反映着社会经济的变迁。但学术研究又具有一定的超前性，对“一带一路”发展中的问题进行了前瞻性的展望与分析，对“一带一路”倡议的发展和建设具有一定的预见性和指导性。充分地结合社会经济发展中的实践与学术研究，才有利于形成理论扎实、实践踏实的良性互动体系。

第五章
“一带一路”倡议的效果评价

第一节 “一带一路”倡议效果评价的目的与意义

2013年习近平主席首次提出“一带一路”倡议，得到了国内外居民的广泛关注和各级社会团体的积极参与。2017年党的十九大和中央经济工作会议正式明确了“一带一路”的使命定位、长久布局、发展方向和工作重点，并创造性地将其写入《中国共产党章程》。围绕“五通”建设，我国与140多个国家和30个国际组织签署205份共建“一带一路”合作文件，中欧班列在2020年全年开行1.24万列，通达欧洲22个国家、151个城市，“一带一路”沿线各省份积极参与贸易畅通、资金融通和民心相通，获得了面向世界的新平台。“一带一路”倡议是上承千年丝路文明、下启新时代开放发展的重大举措，是立足国内市场、打通内循环推动区域协调发展，拓展国外市场、疏通外循环优化开放新格局的复兴方案，是构建人类利益共同体、命运共同体和责任共同体的伟大构想。然而，热议之下，“一带一路”倡议的居民关注度有何特征？力推之际，“一带一路”倡议的政策实施效果如何？运作之中，对政策效果产生影响的机制是什么？居民对政策的关注是否会影响政府的关注和投入，影响社会团体的支持和参与，进而影响政策的实施效果？这些问题都需要深入的思考和规范的研究。因此，本章通过大数据方法和计量经济学方法，对“一带一路”倡议的居民关注度进行度量，对“一带一路”倡议的政策效果进行评估，对政策效果的影响机制加以分析，这些对及时发现和改善

“一带一路”建设中的问题、提高政策的持续性具有重要意义。

第二节 政策效果评价的文献综述

政策实施效果评价有利于“一带一路”倡议在执行过程中全面衡量政策推进状况，及时改进政策，提高政策的延续性。“一带一路”倡议效果先是在国内局部地区有了探索，马淑琴（2018）通过研究发现，“一带一路”倡议对新疆地区的出口产品质量有显著的影响。随后，她对“一带一路”倡议在中外双边贸易、民生改善方面的实施效果评估开展了相关研究。吕越（2019）运用双重差分法研究了“一带一路”倡议对外投资的促进效应，发现“一带一路”倡议通过“五通”显著地促进了我国企业的对外绿色投资。从地理分布上看，“海上丝绸之路”沿线国家的效果更为显著。从行业上看，“一带一路”倡议的促进效应点集中于能源、交通和通信领域。而在投资来源上，“一带一路”倡议并未对沿线的重点省份产生显著的投资促进效应。郭爱君（2019）运用SM－DID方法研究了“一带一路”倡议对沿线经济发展水平的政策影响，发现“一带一路”倡议有效且持续地提升了“一带一路”沿线地区的开放型经济发展水平，对生产要素流通提高资源利用效率具有重要作用，相较于“一路”地区，“一带”地区的政策效果更明显。另外，“一带一路”倡议可以有效地突破我国出口隐性壁垒（张宇，2020，2021），有效地降低投资风险（尹华，2021），对中国双边贸易具有积极的影响（周建军，2020），对“一带一路”沿线国家的民生改善也有显著的效果（吕炜，2021）。通过国内区域经济和国际对外贸易方面对“一带一路”倡议的研究可以看出，“一带一路”倡议均表现出了显著的实施效果，而且普遍存在区域不对称性，即“海上丝绸之路”沿线的国内省份以及国外地区普遍比“陆上丝绸之路”沿线省份表现更好。

政策效果的影响机制分析是政策实施效果评估的进一步探索，很多研究都将研究重点放在了效果评估上，因素分析的探讨相对较少。因此，本章将在“一带一路”倡议关注度和实施效果评价以及倡议实施效果的影响机制分析方面展开，对“一带一路”倡议的实施状况评价以及政策效果改进具有重要意义。

第三节 “一带一路”倡议效果评价的方法

政策效果评估的方法众多，但双重差分法（DID）的共同趋势要求在我国沿海和内陆的巨大社会经济差异下难以满足（刘瑞明、赵仁杰，2015），倾向匹配和断点回归等虽然克服了地方差异的影响，但是作为参数法，对数据的要求较高，难以适应少量省域数据的分析，其结果依赖于模型设定的准确性（王艺明、刘志红，2016）。合成控制法中滞后信息包括在模型之中，截面个体的权重对协变量和公共因子十分敏感，容易导致政策效果的敏感性偏差（卫梦星，2013）。而 Hsiao（2012）所提出的面板数据政策效应估计方法能较好地克服以上方法的局限，参考邓翔等（2020）在西部大开发政策效果评估中的研究。

假定用 Y_{it}^1和 Y_{it}^0来表示某地区是否参与“一带一路”倡议的建设，本章分别用实际的 GDP 增长率来衡量，则“一带一路”倡议的政策效应可以被衡量为

$$Pef_{it} = Y_{it}^1 - Y_{it}^0 \tag{5-1}$$

Y^1、Y^0分别是某地区在第 t 期的是否参与“一带一路”倡议的变量，二者不可能在现实中同时发生，则被观测结果可表示为

$$Y_{it} = d_{it}Y_{it}^1 + (1 - d_{it})\ Y_{it}^0 \tag{5-2}$$

其中，d_{it}为虚拟变量，表示该区域 i 在第 t 期是否参与到“一带一路”建设（本章以是否为“一带一路”沿线省份为衡量因素），参与为 1，否则为 0。

政策实施时，不同地区可能面临相同的影响因素。假设有 M 个不可观测的共同变量，v_t 会持续地对 Y^0产生影响，b_i'为 $1 \times M$ 的行向量，b_i' 随个体的不同变化而变化，α_i 为个体固定效应，ε_{it}为随机干扰项，则在实施“一带一路”

之前，各地区的实际经济数据 Y 为

$$Y_{it}^{0}=\alpha_i+b'_i v_t+\varepsilon_{it},\ i=1,\ \cdots,\ N,\ t=1,\ \cdots,\ T_1 \tag{5-3}$$

其中，$i\in[1,\ N]$，$t\in[1,\ T_1]$，从第 $T+1$ 年开始，“一带一路”倡议开始推广，受“一带一路”倡议影响的地区为 $i=1$，则其经济增长为

$$Y_{1t}^{1}=\alpha_1+b'_1 v_t+Pef_{1t}+\varepsilon_{1t},\ t=T_1+1,\ \cdots,\ T \tag{5-4}$$

Pef_{1t}即参与“一带一路”倡议省份政策实施的效果，其他不参与该倡议的省份不受政策的干扰，在样本期间内：

$$Y_{it}^{0}=\alpha_i+b'_i v_t+\varepsilon_{1t},\ i=2,\ \cdots,\ N,\ t=T_1+1,\ \cdots,\ T \tag{5-5}$$

假定 $Y_t=(Y_{1t},\ \cdots,\ Y_{Nt})'$为第 t 期产出的 $N\times1$ 的列向量，则在实施“一带一路”倡议之前，Y_t 可以表示为

$$Y_t=Y_t^{0}=\alpha+Bv_t+\mu_t,\ t=1,\ \cdots,\ T_1 \tag{5-6}$$

其中，$\alpha=(\alpha_1,\ \cdots,\ \alpha_M)'$，$b=b'_i$ 的 $N\times M$ 维的矩阵，$\mu_t=(\mu_1,\ \cdots,\ \mu_N)'$。在实施“一带一路”倡议后，参与和未参与倡议地区的产出分别为

$$Y_{1t}=Y_{1t}^{1}\quad t=T_1+1,\ \cdots,\ T \tag{5-7}$$

$$Y_{it}=Y_{it}^{0}=\alpha_i+b'_i v_t+\varepsilon_{1t},\ i=2,\ \cdots,\ N,\ t=T_1+1,\ \cdots,\ T \tag{5-8}$$

在政策实施以后，Y_{1t}^{0}不能被观测到，需要使用“反事实”法对其进行估计，当 N 和 T 足够大时，可采用极大似然估计对方程进行参数估计（Bai & Ng，2002），现实中的样本如果不够，可以用 $\widetilde{Y}_t=(\widetilde{Y}_{2t},\ \cdots,\ \widetilde{Y}_{Nt})$ 代替 v_t 对 Y^0 进行估计，假设有 $N\times1$ 的向量 $a=(1,\ -\gamma')'=(1,\ -\gamma_2,\ \cdots,\ -\gamma_N)'$，使得 $a'B=0$，$a\in N(B)$，则由 $Y_t^{0}=\alpha+Bv_t+\mu_t$ 可得

$$a'Y_t\equiv Y_{1t}-\gamma'\widetilde{Y}_t=a'\alpha+a'\mu_t \tag{5-9}$$

$$Y_{1t}=\gamma_1+\gamma'\widetilde{Y}_t+\varepsilon_{1t} \tag{5-10}$$

其中，$\gamma_1=a'\alpha$，$\varepsilon_{it}=a'\mu_t=\mu_{1t}-\gamma'\widetilde{\mu}_t$，$\widetilde{\mu}_t=(\mu_{2t},\ \cdots,\ \mu_{Nt})'$。通过对式（5-10）的估计，就可以对未参与“一带一路”倡议的省份进行拟合与预测，然后结合参与倡议的省份实际表现减去拟合值，就可以得到式（5-1），即参与“一带一路”倡议的政策效应，Y_{1t}^{0}是估计出来的不可观测值，通过拟

合值可以将式（5－1）写为

$$\widetilde{Pef}_{it}=Y_{it}^{1}-\widetilde{Y}_{it}^{0}，\ t=T_{1}+1，\ \cdots，\ T \tag{5-11}$$

进一步地，可以计算出“一带一路”倡议参与期间的平均效应为

$$\widetilde{Pef}_{1}=\frac{1}{T-T_{1}}\sum_{t=T_{1}+1}^{T}\widetilde{Pef}_{1t} \tag{5-12}$$

第四节　“一带一路”倡议效果评价

为评估“一带一路”倡议的经济效果并厘清效果的影响机制，本章首先采用 Hasio（2012）提出的政策面板估计法对“一带一路”倡议的实施效果进行评价。本书以“一带一路”倡议在国内沿线的 17 个省（区、市）（除西藏外）为对象，① 将研究对象的 GDP 作为效果评价标准。

通过“反事实”估计的方法，以非“一带一路”沿线省份为参照组，估计出参与“一带一路”倡议的沿线省份在 2013 年以后的潜在产出，进行对比分析，并组合表 5－1 和表 5－2 对“海上丝绸之路”与“陆上丝绸之路”沿线省份的政策效应作出对比分析。结合分析可以看出：

表 5－1　“21 世纪海上丝绸之路”沿线省份的政策效应

年份	上海	浙江	福建	广东	海南
2000	0. 2681	0. 2992	0. 1506	0. 3439	0. 0718
2001	0. 3954	0. 2828	－0. 0830	0. 1644	0. 1109
2002	0. 1288	0. 1204	0. 0111	0. 0749	0. 1199
2003	－0. 0790	－0. 1589	0. 0290	－0. 1178	－0. 0076
2004	－0. 0050	－0. 0889	－0. 0736	－0. 1236	－0. 1942
2005	－0. 6571	－0. 5167	－0. 2554	－0. 3902	－0. 4234

① “丝绸之路经济带”国内沿线省（区、市）包括新疆、重庆、陕西、甘肃、宁夏、青海、内蒙古、黑龙江、吉林、辽宁、广西、云南、西藏 13 省（区、市），“21 世纪海上丝绸之路”国内沿线省市包括上海、福建、广东、浙江、海南 5 省（市），共计 18 个省（区、市）。

续表

年份	上海	浙江	福建	广东	海南
2006	-0.3521	-0.0404	0.0820	-0.0413	0.0107
2007	0.2173	0.1025	-0.0252	0.0833	0.2056
2008	0.2076	0.0990	0.1200	0.0021	-0.2499
2009	-0.0002	-0.0176	-0.0185	-0.0144	-0.0342
2010	0.0807	0.1434	-0.0746	0.1503	0.3683
2011	-0.0260	-0.0311	-0.0311	0.0181	0.0013
2012	-0.1185	-0.0974	-0.0585	-0.0807	-0.2391
2013	-0.0602	-0.0962	0.2273	-0.0690	0.2599
2014	0.5925	0.4596	0.6373	0.3006	0.0405
2015	2.1051	2.3891	1.5515	1.8649	-0.0442
2016	0.9184	0.8402	0.4734	0.6059	0.0795
2017	0.3675	0.3291	0.0939	0.1967	-0.0273
2018	0.6808	0.4414	0.1926	0.2938	-0.2389
2019	1.2437	1.0384	-0.0052	0.7402	-0.2144

（1）从表5-1中可以看出，上海、浙江和广东3省（市）的实际经济产出均高于潜在产出，表现出良好的政策执行效果；福建和海南政策的潜在产出没有明显地高于实际产出，政策实施效果并不明显。从“海上丝绸之路”沿线省份的政策实施效果上可以看出，“一带一路”倡议的执行效果在经济发达省份表现良好，在经济发展水平一般地区表现较差，“一带一路”倡议在不同程度上促进了“海上丝绸之路”沿线省份的经济发展。

（2）相比“海上丝绸之路”沿线省份，“陆上丝绸之路”沿线省份的政策效果不够显著。结合表5-2可以看出，云南省在2017—2019年间的实际产出高于潜在产出，在参与“一带一路”倡议中取得了良好的执行效果；陕西、宁夏两省（区）实际产出与潜在产出之间没有显著的差距，即经济效果并不明显；甘肃、新疆、内蒙古、吉林、辽宁和广西等省（区）的实际产出均不同程度地低于潜在产出，即经济效果较差。从“一带一路”沿线省份分布可以看出，“陆上丝绸之路”沿线多为中西部地区以及东北地区，经济基础较差，产业结构中资源开发程度较高，但加工贸易、技术研发禀赋较弱，未能充分地将自身优势转化为经济发展动力。

表 5－2 "陆上丝绸之路"沿线省份的政策效应

年份	陕西	辽宁	吉林	黑龙江	内蒙古	甘肃	青海	宁夏	重庆	新疆	云南	广西
2000	－0. 0069	－0. 1770	－0. 0014	－0. 0782	－1. 1741	0. 1712	－0. 0251	0. 1570	0. 1030	0. 0516	－0. 0047	－0. 2349
2001	－0. 2004	－0. 0784	0. 0298	0. 1988	－0. 8367	0. 2886	0. 7009	0. 2697	－0. 0684	0. 0585	－0. 4391	－0. 1657
2002	0. 0634	0. 0455	0. 3043	0. 1332	－0. 0487	0. 0819	0. 1584	－0. 1366	0. 1016	－0. 0903	0. 0095	0. 2447
2003	－0. 0218	0. 0950	0. 0897	－0. 2234	0. 3992	－0. 2262	－0. 3821	0. 2468	－0. 0183	0. 1706	0. 1528	－0. 3068
2004	－0. 0997	0. 0296	－0. 0916	0. 0998	0. 0686	0. 0168	－0. 1564	－0. 1240	0. 0217	－0. 0887	0. 1903	－0. 0362
2005	－0. 0497	－0. 0988	－0. 1006	－0. 1223	1. 1030	－0. 1787	－0. 2997	－0. 5127	－0. 2282	－0. 0682	－0. 1537	0. 2322
2006	－0. 0842	0. 1053	0. 3668	0. 0622	－0. 0347	－0. 0832	－0. 1784	－0. 1438	－0. 0460	－0. 0089	0. 2794	0. 1538
2007	0. 0245	0. 1081	0. 0141	－0. 0755	0. 3606	－0. 1422	－0. 3141	－0. 0592	0. 0574	－0. 1281	－0. 1274	0. 1466
2008	0. 1264	0. 1064	0. 1149	0. 1175	－0. 0042	0. 0851	0. 3587	0. 3116	－0. 0223	0. 2082	－0. 0355	0. 2725
2009	－0. 0454	0. 0591	－0. 0523	－0. 0077	0. 1472	－0. 0365	－0. 0725	0. 0658	－0. 0092	－0. 0004	－0. 0011	－0. 0125
2010	－0. 1418	0. 1758	－0. 1978	0. 0388	0. 1353	0. 0744	0. 0246	0. 1622	0. 0971	－0. 0095	－0. 0213	－0. 0271
2011	－0. 0710	0. 1387	0. 0039	0. 0354	0. 1716	－0. 0667	－0. 0231	－0. 0013	0. 0561	－0. 1559	0. 0151	－0. 2206
2012	0. 3613	－0. 2538	0. 1558	0. 1127	0. 3239	0. 1295	0. 1200	－0. 0729	－0. 0544	0. 0205	0. 0081	－0. 2425
2013	0. 1454	－0. 2556	－0. 6356	－0. 2913	－0. 6108	－0. 1141	0. 0888	－0. 1627	0. 0100	0. 0405	0. 1276	0. 1966
2014	0. 2517	－1. 4917	－1. 4847	－1. 4381	－1. 9857	－0. 1766	0. 7117	－0. 3169	－0. 3850	0. 7785	－1. 1706	0. 1673
2015	－0. 3004	－5. 1965	－2. 0564	－2. 5898	－3. 6618	－1. 5815	1. 8298	－1. 0526	－0. 1308	－0. 0256	－1. 4024	0. 4842
2016	－0. 1937	－4. 1256	－0. 5063	－0. 4953	－1. 3488	－0. 7338	0. 5714	－0. 2336	－0. 0072	－0. 7052	－0. 4763	－0. 0688
2017	0. 2111	－0. 5333	－0. 6143	0. 0049	－1. 0352	－0. 9804	－0. 0582	0. 0221	－0. 1909	－0. 3558	0. 0459	－0. 1125
2018	0. 3712	－0. 2566	－0. 8451	－0. 4080	－0. 5905	－0. 4111	－0. 0514	－0. 1249	－0. 9549	－0. 4526	0. 1271	－0. 1789
2019	－0. 1907	－0. 4954	－2. 1081	－0. 7609	－0. 1834	－0. 7967	－0. 5760	－0. 6096	－1. 6106	－0. 4936	0. 2193	－0. 5283

从表5－3来看，上海、浙江、广东、福建、青海和陕西6省（市）的政策实施效果较好，而其他省份则不明显或者较差，具有一定的地区性特征。总体而言，“海上丝绸之路”沿线省份经济效果相对较好，而“陆上丝绸之路”沿线省份除青海和陕西外其他省（区、市）均表现较差。这一结果与各地区本身的经济基础和倡议的阶段目标具有密切的关系。

表5－3 “一带一路”沿线省份的平均政策效应

省份	政策平均效应
上海	0.8354
浙江	0.7717
广东	0.5619
福建	0.4530
青海	0.3594
陕西	0.0421
广西	－0.0058
海南	－0.0207
新疆	－0.1734
宁夏	－0.3540
云南	－0.3613
重庆	－0.4671
甘肃	－0.6849
黑龙江	－0.8541
吉林	－1.1786
内蒙古	－1.3452
辽宁	－1.7650

首先，从各省的经济基础来看，沿海的外向型经济体在对外交流合作的过程中更容易承接相应的资源并融入“双循环”的体系中，从而更好地促进地方经济的发展。内陆的沿线省份虽然也在努力招商引资，参与“一带一路”建设，但文化旅游类项目居多，即能够积极地实现“政策沟通”“设施联通”和“民心相通”，但具有更高经济贡献价值的“贸易畅通”和“资金融通”实现起来并不具有优势。因此，在“一带一路”实施效果上呈现出“陆上丝

绸之路”沿线省份弱于“海上丝绸之路”沿线省份的状况。

其次，从“一带一路”倡议的目标和阶段来看，“一带一路”倡议是我国面向世界，立足国内循环、疏通国际循环、实现“双循环”良性运转的举措。中国政府与世界各国广泛达成友好协议，实现国与国之间的“政策沟通”，为社会交流和经济发展打下良好的政治互信基础。然后，通过建设“中欧班列”“陆海通”物流港等基础设施，打通国内外互通的渠道，为中国与“一带一路”沿线国家更好地交流提供良好的基础设施。在这一基础上，“贸易互通”和“资金融通”才能拥有更好的实现通道，“一带一路”倡议的实施效果才能变现。但是，应该看到的是，“一带一路”倡议的实施不仅要着眼于经济利益，还有更深刻的社会意义，即构建民心相通、荣辱与共的人类命运共同体。在目前的“一带一路”倡议实施过程中，我国政府基本完成了“政策沟通”的铺垫，亚投行、丝路基金等机构在基础设施建设方面也正在火热推进中，“贸易畅通”和“资金融通”是目前从经济方面能够体现价值的重要方面，面对更高层次即对人类命运共同体的追求还有更长的路要走。

第五节　结论与政策建议

本章基于“一带一路”沿线的省域数据，通过“反事实”推断法估算出了“一带一路”倡议的实施效果，爬取“一带一路”的相关搜索指数作为居民对“一带一路”倡议的关注度，并以“一带一路”倡议的关注度为解释变量对政策效应进行影响机制分析，得出以下结论：

“海上丝绸之路”的沿线省份实施效果相对较好，明显优于“陆上丝绸之路”沿线省份的政策效果。沿海地区由于良好的加工制造业基础，更有利于通过贸易畅通实现经济增长，进而取得更好的政策实施效果。“陆上丝绸之路”沿线的中西部地区以及东北地区虽然也在努力参与“一带一路”建设，但大多属于文化交流以及旅游等相对低附加值的经济活动。在这种格局下，东中西部的区域性差距更容易被拉开。

由以上结论可知，我国在推行“一带一路”倡议的过程中，实施效果具有明显的区域性特征。为进一步维持区域经济协调发展，更好地立足国内大循环，充分应用国际大循环，形成“双循环”良性互动，本章提出以下几个方面的建议。

第一，针对“一带一路”倡议实施效果的区域不均衡，应该有差异地对待海、陆两条丝路沿线省份的优惠政策，尤其是国内省份在“一带一路”倡议的参与中不要局限于“民心相通”，而且要利用好“设施联通”，更多地实现“贸易畅通”和“资金融通”，从而促进“一带一路”倡议在国内的均衡发展。

第二，“一带一路”倡议关注度可以对“一带一路”倡议的实施效果产生显著有效的影响，要重视“一带一路”倡议的宣传和引导，号召更多的主体参与到“一带一路”建设中来。“一带一路”倡议提出以来，我国与世界各国在“五通”领域取得了举世瞩目的成就，政府在搭建平台的过程中，要重视舆情引导，让更多的社会主体关注“一带一路”建设，投入并参与进来，为自身谋福利，为“一带一路”倡议谋发展。

第三，重视资本和技术要素在国内的重新配置。着力推进“海上丝绸之路”沿线地区的产业升级，通过技术进步巩固本地区的经济优势。在“陆上丝绸之路”沿线地区，要扩大投资，加快基础设施建设，为经济发展和社会交流提供必要的保障。此外，要疏通国内的资本和技术要素市场，将“海上丝绸之路”沿线省份的过剩资本和成熟技术向“陆上丝绸之路”沿线省份进行转移，促进国内经济的协调发展和良性循环。

第四，基于区域禀赋，以“一带一路”为平台，构建国内国际“双循环”。“一带一路”倡议落实到地方经济的发展中，还是要基于区域资源禀赋和比较优势。东部沿海地区具有良好的制造业基础和民营资本积累，所以，在“一带一路”建设中应该充分发挥该地区的贸易和技术优势。广大中西部地区在土地和矿产资源以及文化旅游资源方面有较大的优势，所以，在现代农业、资源的深加工、文化融合创意创新产业等方面具有很大的潜力。沿线地区要基于自身禀赋，面向国际市场才能有针对性地引入和输出，从而形成内外兼修的良性循环。

第六章
“一带一路”倡议的关注度与实施效果关联分析

第一节 引言

“一带一路”倡议提出10年来，在“五通”领域取得了丰硕的成果，但“一带一路”倡议引导要素配置促进经济增长的机制效果尚不明晰。受地缘政治、贸易摩擦和新冠疫情影响，国内外形势日趋复杂。科学评估“一带一路”倡议的实施效果，厘清“一带一路”倡议对要素配置的影响机制，对于提高“一带一路”倡议的长效性、对内促进要素自由流动构建高水平市场经济、对外构建高水平对外开放格局具有重要意义。为政策实施效果评估构建理论基础，分析影响政策实施效果的影响机制，运用区域经济数据进行检验，是学术界需要研究的重要命题，也是本章研究的主要内容。

“一带一路”倡议实施的效果主要取决于两个方面：一是“有为政府”通过财政和税收手段，直接对生产要素进行配置；二是政策引导公众改变预期和偏好，通过“有效市场”间接地进行生产要素配置。因此，“一带一路”倡议效果是政府和市场共同作用的结果。关于政策效果评估和公众关注的研究如下：

“一带一路”倡议实施效果评价研究多是通过“准自然”实验方式，运用DID、PSM等方法，控制参照组，评估出政策的实施效果。国内外研究主要集中在以下3个领域。

一、经济领域

“一带一路”倡议对沿线国家和中国的经济发展都具有积极的影响。特别是在基础设施领域，中国的海外投资逐渐呈上升趋势并发挥主导作用，有助于提高资源利用效率、促进生产要素流通。吕越（2019）的研究发现，“一带一路”倡议有助于促进沿线国家的贸易和投资，并推动经济增长。从中国国内情况看，通过“五通”策略，“一带一路”倡议显著促进了中国企业的对外绿色投资，有效减轻了我国出口中的隐性壁垒问题（张宇，2020，2021），降低了投资风险（尹华，2021），对中国与其他国家间的双边贸易也产生了积极影响（周建军，2020）。从国际层面来看，“一带一路”倡议对沿线地区的开放型经济发展起到了持续而有效的提升作用，使国与国之间的联系更加紧密，为各国提供了更广阔的市场空间。中国在“一带一路”沿线国家的海外投资明显上升，国有资本在基础设施领域中扮演了主导角色（Julan，2018）。“一带一路”倡议通过“五通”缓解了出口隐性壁垒，降低了企业的投资风险，对中国双边贸易具有积极的影响。“一带一路”倡议持续有效地提高了沿线地区的开放型经济发展水平，促进了生产要素的流通，提高了资源利用效率。相对于“一路”地区，“一带”地区的政策效果更为明显（郭爱君，2019）。从以往的学术研究来看，“一带一路”倡议可以促进沿线国家和中国的共同发展，为亚洲乃至全球的经济合作、贸易增长和区域稳定作出积极的贡献。

二、能源领域

“一带一路”倡议会促进沿线国家的能源合作，对巩固油气资源供应、开展新能源合作（Zhao & Shuai，2022）、保障我国的能源安全具有重要意义（吕江，2022）。为加强与“一带一路”沿线国家的能源合作，中国政府出台了一系列的文件。2020 年 12 月国务院发布的《新时代的中国能源发展》白皮书，全面阐述了中国推进能源革命的主要政策和重大举措，包括加强国际合作、积极参与全球能源治理、推动“一带一路”能源合作等。2022 年 3 月 17 日，国家能源局印发了《2022 年能源工作指导意见》，着重强调“一带一路”领域的能源合作，要重点建成一批绿色能源合作示范项目，让绿色切实成为共建“一带一路”的底色。深化与沿线国家的交流和合作，秉持共商共建共享原则，弘扬开放、绿色、廉洁理念，打造绿色、包容的“一带一路”能源合作伙伴关系。“一带一路”倡议会促进沿线国家的能源合作，对于巩固油气资源供应、开展新能源合作、保障我国的能源安全具有重要意义（吕江，2022）。马远（2017）的研究表明，“一带一路”沿线国家的天然气贸易网络密度和互惠性较低，网络节点间的贸易联系微弱。“一带一路”沿线国家在贸易网络中存在着严重的不均衡，俄罗斯、卡塔尔、新加坡和中国作为贸易网络的中心，对其他国家具有强大的影响力和控制力。为保障天然气安全供应，中国需要强化与“一带一路”沿线国家的合作，加强区域间基础管网建设，提高天然气的稳定供应能力，进一步提升中国天然气贸易的影响力。“一带一路”沿线国家中，铀资源储量比较丰富的国家有哈萨克斯坦、俄罗斯、乌克兰、蒙古国、印度、捷克、乌兹别克斯坦等国，这 7 个国家的探明铀资源储量占“一带一路”沿线国家总储量的 97.4%，此外，约旦、巴基斯坦等国也陆续发现了铀资源，为我国日益增长的铀资源使用量提供了可获取方向（王世虎，2016）。在中国政府的大力支持下，新能源产业获得了快速的发展，一方面为中国积累起了一定的技术优势，获得了能源转型的重要推进力量；另一方面也产生了一定程度的产能过剩，迫切需要开辟国际市场，尤其是“一带一路”沿线国家的风电市场（王晓军，2017）。

三、环境领域

“一带一路”倡议能促进技术进步和加强环境规制，改善了沿线国家的环境质量（Cao & Teng，2021），有利于沿线国家和地区实现节能减排，促进地区的绿色发展（Jiang & Ma，2021）。也有学者对民生（吕炜，2021）、债务质量（Sun & Lu，2022）等领域进行了研究。通过对“一带一路”倡议的实施效果评估研究可以看出，“一带一路”倡议在不同领域都获得了显著的效果，而且普遍存在区域异质性。

在公众关注度方面，“一带一路”倡议会影响公众心理、认知和预期，从而改变公众的消费和投资行为，进而影响经济增长和政策实施效果。相关研究主要分为两个阶段：第一阶段主要采用社会调研进行关注度评价。调研可以详细地反映出公众对“一带一路”倡议的认知程度和关注特点，姑丽娜尔·吾甫力（2018）通过研究发现，“一带一路”沿线的部分基层地区对倡议的认知程度比较低且关注的持续性较差，但大多数民众表示愿意更多地了解和支持“一带一路”倡议。茹艳（2018）通过对留学生群体的调研发现，留学生对“一带一路”倡议所塑造的中国形象认同度有限。第二阶段主要利用互联网大数据进行公众关注度评价。随着互联网的发展，公众在新媒体平台上表达自己的政治观点和诉求成为参与政治的一种普遍手段。互联网与大数据等新兴信息科技在重塑公众生活和政府治理模式的同时，使网络数字足迹的采集和分析成为可能。随着大数据方法在因果推论方面的逐步完善，网络空间的政策搜索数据为有效测量公共关注度提供了有力支撑，对反映政策议题的舆情动向以及进一步探索其影响因素具有重要意义（孟天广、赵娟，2019）。从社会热点问题上可以看出，“一带一路”倡议是2016年、2018年和2019年公众关注热点（喻国明，2019），与热点事件关系密切，关注度在区域分布上存在不平衡性（冯妮，2018）。

综合过往研究可以看出，对于“一带一路”倡议的政策实施效果评价有了较多的探索，但是很多研究都以实验对照的方式将研究重点放在效果评估上，缺乏经济理论支撑，且对政策效果的影响因素分析相对较少。关于公众对“一带一路”倡议的政策关注，过往研究也作出了一些尝试，但是，公众作为政策的关注者、经济建设的参与者、政府政策的影响者，其关注是否会影响要素配置，进而影响政策实施效果，目前尚无相关研究。因此，本章的贡献在以下几个方面：①在理论方面，将“一带一路”倡议引入经济增长模型，从理论上证明了“一带一路”倡议将会引导资源配置，促进经济增长。此外，将“反事实”估计与经济增长理论相结合，克服了经济增长理论无法剥离政策效果的缺陷，同时也为“准自然实验式”政策效果评估提供了理论基础。②在实证方面，证明了"一带一路"倡议关注度、实施效果以及生产要素贡献在区域上的异质性。③在政策建议方面，结合实证研究提出强化政策的舆论宣导，为政府制定和推广相关政策、对内促进要素自由流动、对外促进改革开放提供了可靠的借鉴和参考。

第二节 理论推导

"一带一路"倡议为企业投资贸易、居民旅游交往提供了一个广阔的平台，在"五通"领域取得了丰硕的成果，得到了社会各界的广泛关注。作为引导资源配置的规制体系，"一带一路"倡议关注度的经济效果可以由经济增长模型推导得出。但"一带一路"倡议仅仅是庞大政策体系中的一个部分，需要对比参照组，通过"反事实"推断的方式，将"一带一路"倡议效果进行分离。因此，理论推导包括以下两个部分。

一、纳入"一带一路"倡议影响的经济增长

参考姜伟（2020）的研究，从经济增长模型的视角，推断"一带一路"倡议公众关注度对经济增长以及倡议效果的影响。设定效用函数为

$$U = \int_0^{+\infty} \frac{C(t)^{1-\gamma}}{1-\gamma} e^{-\rho t} d(t) \tag{6-1}$$

其中，$C(t)$ 为 t 期，ρ 为贴现率，γ 为相对风险厌恶水平。若厂商生产函数符合 C－D 生产函数，物质资本 K 和人力资本 L 的折旧率 σ 相等，可以得到约束条件：

$$Y(t) = A(t)\ K(t)^{\alpha}\ (t)^{1-\alpha} \tag{6-2}$$

$$\dot{K}(t) = I_k(t) - \sigma K(t) \tag{6-3}$$

$$\dot{L}(t) = I_L(t) - \sigma L(t) \tag{6-4}$$

关注度会影响企业投资和居民消费，因而引入关注度因素，设公众关注

度为 $R(t)$，关注后参与并影响生产和消费的比例为 $RA(t)$，受倡议影响后物质资本和人力资本的投入会发生变化，得到 K 和 L 为

$$\dot{K}(t)=R_K(t)[1-RA_K(t)][I_K(t)-\sigma K(t)]+[1-R_K(t)][I_K(t)-\sigma K(t)]=(1-RA_KR_K)[I_K(t)-\sigma K(t)] \tag{6-5}$$

$$\dot{L}(t)=R_L(t)[1-RA_L(t)][I_L(t)-\sigma L(t)]+[1-R_L(t)][I_L(t)-\sigma L(t)]=(1-RA_LR_L)[I_L(t)-\sigma L(t)] \tag{6-6}$$

假设，$r(t)$ 是 $R(t)$ 和 $RA(t)$ 的函数，表示“一带一路”关注度对经济的影响，由式（6-6）可以推导出 $r(t)=1-R(t)RA(t)$。$r_K(t)$ 和 $r_L(t)$ 表示“一带一路”倡议关注度对物质资本 K 和人力资本 L 产生的影响，由此得出 K 和 L 的变化为

$$\dot{K}(t)=r_K(t)[I_K(t)-\sigma K(t)] \tag{6-7}$$

$$\dot{L}(t)=r_L(t)[I_K(t)-\sigma L(t)] \tag{6-8}$$

“一带一路”倡议在“五通”建设方面的持续发力，为企业和居民提供了更加广阔的平台，也取得了丰硕的成果。企业在参与“一带一路”倡议的过程中，利用国内、国际两个市场，开展贸易交流。国外市场促进了企业生产规模的扩大和产能利用率的提高，设 $f(t)$ 为国外市场对生产的影响，将函数引入生产函数中表示为

$$Y(t)=f(t)A(t)K(t)^aL(t)^{(1-a)} \tag{6-9}$$

假设公众关注度对全要素生产率的影响为 $p(t)$，将关注度的因素引入式（6-9），得到约束条件为

$$C(t)+I_K(t)+I_L(t)\leqslant Y(t) \tag{6-10}$$

$$Y(t)=f(t)p(t)A(t)K(t)^a[a_L(t)L(t)]^{1-a} \tag{6-11}$$

$$\dot{K}(t)=r_K(t)[I_K(t)-\sigma K(t)] \tag{6-12}$$

$$\dot{L}(t)=r_L(t)[I_K(t)-\sigma L(t)] \tag{6-13}$$

以 $\mu(t)$ 和 $v(t)$ 分别表示物质资本 K 和人力资本 L 的影子价格，将模型写为汉密尔顿函数：

$$J=\frac{C(t)^{1-\gamma}}{1-\gamma}+\mu(t)K(t)+v(t)\dot{L}(t)$$

$$=\frac{C(t)^{1-\gamma}}{1-\gamma}+\mu(t)\{r_K(t)[f(t)p(t)A(t)K(t)^{\alpha}[a_L(t)L(t)]^{1-\alpha}]-C(t)-I_L(t)-\sigma K(t)\}+v(t)r_L(t)[I_L(t)-\sigma L(t)]$$

(6-14)

进而得到一阶条件和欧拉方程：

$$\mu(t)=C(t)^{-\gamma} \tag{6-15}$$

$$\rho\mu-\dot{\mu}=\mu r_K\left|-\sigma+Afp\left(\frac{K}{L}\right)^{\alpha-1}r(r_K)^{1-\alpha}\right| \tag{6-16}$$

运用$\mu(t)r_k(t)=v(t)r_L(t)$可得

$$\rho\nu-\dot{\nu}=\nu r_L\left|-\sigma+Afp\left(\frac{K}{L}\right)^{\alpha-1}r(r_L)^{1-\alpha}\right| \tag{6-17}$$

设定$I_K(t)+I_{(L)}=I(t)$，其中θ和$1-\theta$（$0<\theta<1$）指物质资本和人力资本投资的权重，对式（6-17）进行整理可得消费、投资的增长率：

$$\frac{\dot{C}}{C}=-\frac{\rho}{\gamma}+\frac{r_K\left[-\sigma+Afp\left(\frac{K}{L}\right)^{\alpha-1}r(r_L)^{1-\alpha}\right]}{\gamma} \tag{6-18}$$

$$\frac{\dot{K}}{K}=r_K\left[-\sigma+\frac{-C\theta+AfpK^{\alpha}\theta(r_LL)^{1-\alpha}}{K}\right] \tag{6-19}$$

$$\frac{\dot{L}}{L}=r_L\left[-\sigma+\frac{-C(1-\theta)+AfpK^{\alpha}(1-\theta)(a_LL)^{1-\alpha}}{L}\right] \tag{6-20}$$

其中，$r_K(t)=1-R_K(t)RA_K(t)$，$r_L(t)=1-R_L(t)RA_L(t)$，由式（6-18）~式（6-20）可知，消费以及投资的增长率取决于全要素生产率［$p(t)$］、关注度对物质资本的影响［$r_K(t)$］、关注度对人力资本的影响［$r_L(t)$］以及出口拉动率[$f(t)$]。

二、剥离出"一带一路"倡议的实施效果

面板数据政策效应估计方法基于对地理空间相关性的考虑，结合时间序列信息的方法，对多维异质性和反应偏差进行控制。该方法可以在一定程度

上减少省域数据缺乏所导致的问题，并且具有较高的灵活性与鲁棒性。同时，面板数据政策效应估计方法在研究中能够同时考虑时间和空间因素、控制潜在混杂变量、捕捉政策实施前后的变化趋势等因素，从而得到更为准确可靠的政策效应评估结果。该方法适用于各种类型的政策评估研究，如社会福利政策、教育政策、环境保护政策等，具有较广泛的应用前景。

第三节 研究设计与数据来源

为评估“一带一路”倡议的经济效果并厘清效果的影响机制，本章首先对带有“一带一路”倡议影响的经济增长模型和“一带一路”倡议实施的经济效果进行了数理推导；其次采用爬虫技术获取“一带一路”相关概念的搜索指数加总平均，将其作为公众对“一带一路”倡议的关注度；最后将公众对“一带一路”倡议的关注度纳入经济增长模型进行检验。具体方法和步骤如下。

一、研究设计

“一带一路”倡议中的政策制定会征求民意，政策的执行也会根据舆情信息进行及时的调整和修订，因此，公众对“一带一路”倡议的关注会对政策的制定和执行产生影响，并对政策的效果产生影响。此外，公众对“一带一路”倡议的关注会影响物质资本和劳动资本配置，进而影响“一带一路”倡议的实施效果。

为了验证“一带一路”倡议的公众关注度会对经济增长产生的影响，本章设立式（6－21）作为检验倡议是否会影响经济增长的基准方程：

$$Y_{it} = \alpha + \beta_0 bra_{it} + \beta_1 K_{it} + \beta_2 T_{it} + \beta_3 L_{it} + \varepsilon_{it} \quad (6-21)$$

经济增长的驱动因素是复杂的，“一带一路”倡议在社会经济系统中，仅是一个政策因素。为了更好地验证公众关注度是否会影响经济增长，本章将以非“一带一路”沿线省份为参照组，以此获得沿线省份的“反事实”增长结果，并引入公众关注度加以验证：

$$Pef_{it} = \alpha + \beta_0 bra_{it} + \beta_1 K_{it} + \beta_2 T_{it} + \beta_3 L_{it} + \varepsilon_{it} \quad (6-22)$$

其中，α 为常数项，K_{it}为物质资本投入，T_{it}为技术要素投入，L_{it}为劳动资本投入，bra_{it}为倡议的公众关注度，ε_{it}为随机干扰项。

二、数据来源

本章选取2011—2019年"一带一路"倡议在国内沿线的17个（区、市）（除西藏外）的相关数据。其中：

（一）被解释变量

经济增长（Y）为各省的GDP，数据来源于Wind数据库。政策效果（Pef）为参照非"一带一路"沿线省份，根据"反事实"推断得出实际增长率与潜在增长率的差值，若数值为正，说明"一带一路"倡议对经济起到了正向推动作用，使经济的增长高出潜在增长；若这一数值为负，则说明倡议并未对地方经济起到推动作用，具体算法见"反事实"推断的原理。

（二）核心解释变量

核心解释变量为 bra，表示"一带一路"沿线省份对倡议的关注度，用以解释"一带一路"倡议效果是否会受到居民关注度的影响。该指标根据百度搜索指数中的"一带一路""丝绸之路""中欧班列"等7个关键词指数加总平均求得，从图6-1中可以看出，"一带一路"倡议关注度在时间趋势和区域分布上有显著的区别。从时间上看，"一带一路"倡议的关注度主要受重大事件和新闻报道的影响。从区域分布上看，"一带一路"倡议在沿海地区受到了更高的关注。前文已经对倡议时空分布进行了详细介绍，此处不再赘述。

（三）控制变量

物质资本 K 为各省固定资产投资，人力资本 L 为各省人口数量，知识性投入 A 为各省专利申请数量，数据来源于Wind数据库。

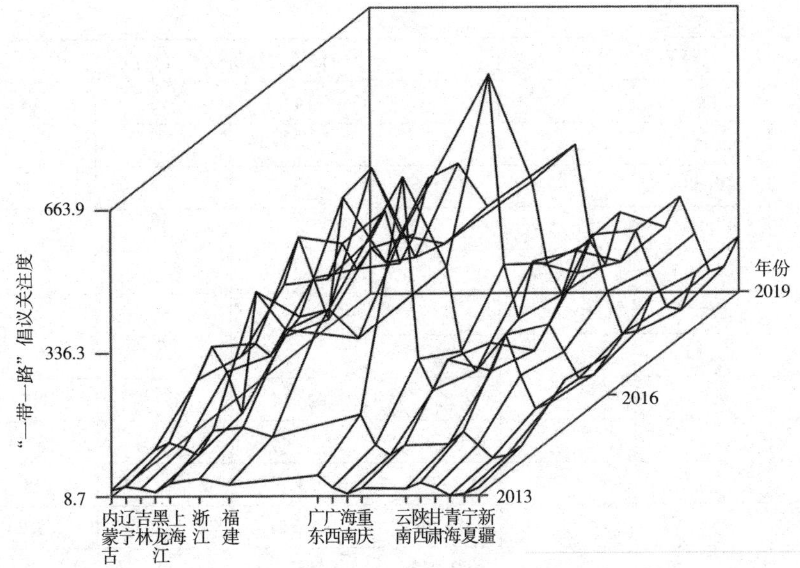

图 6－1 2013—2019 年“一带一路”倡议关注度的时空分布

第四节 “一带一路”倡议经济效果的影响机制检验

结合理论推导，“一带一路”倡议对经济增长的影响包括两个方面：一方面是对整体经济增长的影响，可以通过表 6－1 中的模型（1）和模型（2）来验证，考虑到数据指标可能存在的趋势性，对各变量取对处理；另一方面是对“一带一路”倡议经济效果的影响，可以通过表 6－1 中的数据验证。由于“一带一路”倡议的经济效果是经济增长率潜在产出与实际产出差值，因而将要素投入取对后进行差分处理。结果如表 6－1 所示。

表 6－1 回归结果

变量	经济增长（*Y*）		倡议的经济效果（*Pef*）			
	(1)	(2)	(3)	(4)	(5)	(6)
bra		0.130		1.324***		1.058***
		(1.37)		(4.30)		(4.40)

续表

变量	经济增长（*Y*）		倡议的经济效果（*Pef*）			
	(1)	(2)	(3)	(4)	(5)	(6)
ln_ K	0.248**	0.253**				
	(2.62)	(2.90)				
ln_ A	0.115*	0.093*				
	(1.76)	(1.48)				
ln_ L	1.175***	1.106***				
	(4.14)	(3.84)				
dln_ K			2.626**	2.823***	2.697**	2.888***
			(2.75)	(3.44)	(2.62)	(3.11)
dln_ A			0.877***	0.959***	0.860***	0.918***
			(3.26)	(3.34)	(3.25)	(3.34)
dln_ L			2.912	4.559		
			(1.09)	(1.66)		
截距项	-2.571	-1.896	-0.712***	-1.027***	-0.681***	-0.918***
	(-1.54)	(-1.07)	(-5.13)	(-6.04)	(-5.26)	(-6.74)
观测值	119	119	119	119	119	119
R^2	0.725	0.734	0.327	0.375	0.316	0.349

注：Robust t - statistics in parentheses。*** $p<0.01$，** $p<0.05$，* $p<0.1$。

从表6-1中的模型（1）和模型（2）中可以看出，物质资本、人力资本和知识对经济增长具有显著的正向影响，符合经济增长理论的基本假设。但是，“一带一路”倡议关注度对经济增长的影响系数为0.13，而p值为0.19，无法通过常规的显著性要求，可能有以下两个方面的原因：一方面，对于经济增长而言，“一带一路”倡议仅是众多因素中的一个部分，即使“一带一路”倡议有正向的影响，也很难显著地表现出来；另一方面，样本取自“一带一路”沿线的17个省（区、市），样本数量有限，影响了检验结果的显著性。

为进一步讨论关注度对经济效果的影响，本章以剥离了其他因素的增长量为对象，对此进行验证。从表6-1中的模型（3）和模型（4）中可以看出，加入“一带一路”倡议关注度后，关注度的系数为1.324且通过了显著性检验，模型的拟合优度得到了提高，说明“一带一路”倡议关注度对经济增长具有积极的影响。随着网络的普及和数字经济的快速发展，公众相比以往有了更高的政治参与热情。这一趋势若能正确地加以引导，广大人民群众将会是“一带一路”倡议的热切关注者、积极参与者和良好践行者，人民与政府也将形成良好合力，共同推进“一带一路”倡议的顺利实施，构建人民友好往来、内外循环通畅、社会发展和谐的人类命运共同体。

物质资本 K 和知识 A 都对“一带一路”倡议的经济效果具有显著的正向影响，但是人力资本 L 的积极作用未能通过显著性检验。虽然劳动要素是经济增长和社会经济发展的重要投入，但是劳动投入要素经过取对处理后代表的是劳动增长率。近年来我国人口增长速度放缓，人口增长率很难对经济发展及政策实施效果作出贡献。因此，下面的分析以及后面的异质性检验部分均不考虑劳动要素的投入。从政策效应的影响因素分析上可以看出，政策效果主要受固定资产投资和技术的推动。结合“一带一路”倡议的推进分析可以看出，为了保障我国与“一带一路”沿线国家和地区的友好交流和共同发展，前期需要进行大量的铁路、公路、管网等基础设施建设，以此推动当地经济发展水平的提高，从而推进政策的良好实施。便利基础设施又有利于生产要素的流动，贸易和资金的往来拥有了更好的环境和渠道。制造业基础良好、技术资本积累丰富的发达地区更便于搭乘“一带一路”倡议优惠政策的便车，实现经济的快速发展，从而表现出更好的政策实施效果。

为进一步对比分析“一带一路”倡议的政策实施效果的影响机制，本章将“陆上丝绸之路”和“海上丝绸之路”沿线省份分组对比，形成了政策效果影响机制的异质性分析。模型（7）和模型（8）是“陆上丝绸之路”沿线省份的政策效应机制检验，模型（9）和模型（10）是“海上丝绸之路”的政策效应机制检验。

表 6－2　政策效应异质性分析

变量	“陆上丝绸之路”沿线省份		“海上丝绸之路”沿线省份	
	(7)	(8)	(9)	(10)
bra		1.961**		0.837*
		(2.62)		(1.98)

续表

变量	“陆上丝绸之路”沿线省份		“海上丝绸之路”沿线省份	
	(7)	(8)	(9)	(10)
dln_ K	2.753**	2.916***	-2.239	-0.469
	(2.93)	(3.80)	(-1.10)	(-0.16)
dln_ A	1.021**	1.112**	0.748**	0.814**
	(2.40)	(2.48)	(2.92)	(2.61)
dln_ L	4.844	7.083	0.066	1.416
	(1.13)	(1.54)	(0.03)	(0.64)
截距项	-1.097***	-1.436***	0.435	-0.064
	(-7.93)	(-7.17)	(1.45)	(-0.12)
观测值	63	63	56	56
R^2	0.321	0.352	0.269	0.218

注：Robust t-statistics in parentheses。*** $p<0.01$，** $p<0.05$，* $p<0.1$。

通过对比“陆上丝绸之路”与“海上丝绸之路”沿线省份的政策效应可以看出，前者拟合方程的 R^2 要高于后者，拥有更好的解释性。另外，政策效应的影响因素方面具有明显的地域区别，具体来看：

从表6-2中模型（7）和模型（9）对比可以看出，在政策效应影响的基准方程里，“陆上丝绸之路”沿线省份和地区政策效应更多地受到固定投资和技术的影响，而“海上丝绸之路”沿线省份则较多地受到技术要素的投入影响。“一带一路”建设中，广大中西部地区和东部地区是铁路、管网等基础设施的重要建设区域，而东部地区良好的外贸基础以及便利的海运条件，使得沿海并不依赖大量的固定资产投资。技术要素的投入中，“陆上丝绸之路”没有“海上丝绸之路”的显著性高，说明在经济发展中，“海上丝绸之路”沿线省份的技术积累优势更明显，贡献度也更高。

从表6-2中的模型（8）和模型（10）两个加入公众关注度变量后的政策效应分析模型来看，“陆上丝绸之路”大于“海上丝绸之路”的系数值，且显著性更高。这说明，虽然公众倡议的关注度呈现东高西低的局面，但却在“陆上丝绸之路”沿线省份的政策实施效果方面有更大的贡献。另外有所不同的是，“海上丝绸之路”沿线的资本要素的贡献度不如“陆上丝绸之路”

显著，而技术要素的贡献度又明显高于“陆上丝绸之路”沿线地区。这说明“一带一路”沿线地区中，对政策实施效果产生影响的区别在于资本和技术，“陆上丝绸之路”沿线地区的资本投入效果更好，而“海上丝绸之路”沿线地区技术投入效果更好。

由于受时间和空间所限，本书验证模型的样本数据较少，为了保障模型的稳健性，本章通过拔靴法（Bootstrap）进行1000次有放回抽样检验，从其结果可以看出，系数和显著性结果均与被检验方程高度一致，说明方程具有较好的稳健性结果。

综上可得，“一带一路”倡议的实施效果与“一带一路”倡议的关注度具有显著的区域特征，但都与经济发展水平有密切关联，都较大程度地受到投资水平的影响。公众关注通过要素投入影响政策的实施效果这一结论也是能够得到合理证明的。

第七章
“一带一路”倡议的机遇、挑战与展望

面对复杂严峻的国际环境，中国政府顶住压力，引领“一带一路”参与国家和地区在“五通”领域取得了丰硕的成果。但也应当注意到，“一带一路”沿线国家社会经济文化状况差异性远大于以往合作的欧美和东盟国家，对政府、企业以及参与人员具有较高的要求。为了阻止中国的和平崛起，维持原有的政治经济地位，美国等发达国家已经联合多个国家和地区对“一带一路”的国际合作进行干扰。此外，恐怖势力和刑事犯罪对“一带一路”国际合作的破坏也时有发生。因此，“一带一路”倡议在给国内外发展带来了机遇的同时，也面临诸多挑战。

第一节　“一带一路”倡议带来的机遇

由于“一带一路”倡议主张在共商、共建、共享的原则下，在“五通”领域展开合作，因此，会在社会经济以及文化交流方面给沿线国家和地区带来新的机遇。

一、基础设施改善

设施联通是“五通”建设的重要组成部分，也是紧随政策互通之后的重要基础性工作，为贸易畅通、资金融通和民心相通提供渠道。设施联通主要包括交通、电力、通信等基础领域的合作。其中，中国对外承包工程中，交通基础设施和电力基础设施两项占设施联通的60%。在我国的带领下以及

“一带一路”沿线国家和地区的积极参与下，“一带一路”沿线国家和地区已经建设了一大批铁路、公路、港口等重大基础设施。比如，具有代表性的中老铁路、雅万高铁、中泰铁路、匈塞铁路、蒙内铁路等。在电力设施方面，国家电网与缅甸、老挝、波兰、埃及等“一带一路”沿线国家和地区建设骨干电网，并与俄罗斯、蒙古国等周边国家累计建成中俄、中蒙等10余条跨国输电线路。在通信基础设施建设领域，我国与“一带一路”沿线国家也积极展开合作，建设了多条跨境路缆和多条国际海缆，打通了中国与“一带一路”沿线国家地区的通信网络。

自“一带一路”倡议提出以来，我国已经完成了多项设施联通建设，成了“中国制造”出海的亮丽名片。但设施联通并不局限于交通、电力和通信等领域，中国与“一带一路”国家和地区在能源、公共事业、建筑等领域的合作空间还有待拓展。可以预见的是，中国将与“一带一路”沿线的国家和地区持续在基础设施方面展开合作，推动参与国家和地区的基础设施建设水平，为各个国家和地区的发展以及人民生活水平的提高提供保障。

二、贸易更加畅通

随着“一带一路”倡议中基础设施的大规模建设，“一带一路”沿线国家和地区打通了在交通电力和通信方面的网络障碍，双边贸易合作不断深化，贸易金额和涉及领域也不断实现突破。2013年至2021年9月，我国与“一带一路”沿线国家和地区的货物贸易总额达到了10.4万亿美元。在外贸比例中，2013—2020年，我国与“一带一路”沿线国家和地区的货物贸易额占比增加了4.1%。

随着劳动年龄人口平均受教育年限的提高，中国拥有巨大的劳动力优势，在技术的加持下，“中国制造”具有较高的竞争力。借助已经建设完成的强大物流网络，中国将与“一带一路”沿线国家和地区不断在贸易合作上迈上新台阶。此外，中国还不断地进行着贸易新业态、新模式的创新，在跨境电商、市场采购贸易、海外仓储等方面为中小型外贸企业提供了更多可能，吸纳了更多市场主体参与“一带一路”倡议的贸易畅通建设。

在中国的带领下，不管是国内企业和个人还是“一带一路”沿线国家和地区，都将在“一带一路”倡议的平台上享受更加便利的物流信息服务，基于自身优势，面向整个“一带一路”沿线市场，获得价值创造的空间。

三、资本配置更加充沛

“一带一路”倡议的建设离不开资金融通，从基础的银团贷款、银行授信到多边金融合作成立亚投行、金砖国家新开发银行、丝路基金等国际性金融组织，中国引领“一带一路”沿线国家和地区，在资金融通领域取得了卓越的成就。具体实施效果将对以下几个方面产生影响。

（一）基础设施领域将获得更加充沛的资金投入

“一带一路”沿线国家和地区涉及较多的中亚、非洲和拉美地区大片的区域，缺乏铁路、公路、电力以及通信等基础设施。而基础设施的建设具有建设周期长、投资金额大、风险高、回报率低的特点，对于资金不充裕的国家和地区来讲，具有较大的压力。“一带一路”沿线国家和地区的基础设施建设是重要的建设领域，已经取得了丰硕的成果，并将持续完善和推进。

（二）参与“一带一路”建设的企业，将更容易得到资金支持

在信息割裂的时代，资金不充裕国家和地区的企业难以获得生产投资迫切需要的资金，经济发展严重地受制于资金“瓶颈”。在“一带一路”倡议的推进下，“一带一路”沿线国家和地区有了更为密切的交流与合作，参与其中的企业也拥有了更好的发展前景，不管是向本国还是向“一带一路”倡议的金融平台申请，都更容易得到较为丰厚的资金支持。

（三）居民日常生活的金融需求也将得到更加有效的满足

随着中国企业走向“一带一路”沿线国家和地区，以人民币为主的贸易结算比例越来越高，中国银联在“一带一路”沿线国家和地区也将越来越普及，居民生活、旅游、留学等活动可以在“一带一路”沿线国家和地区较为便利地进行结算，通过 ATM 机和 POS 机购物、取款。

四、文化交流更加活跃

民心相通是“一带一路”建设的社会基础和长久保障，自2013年“一带一路”倡议提出以来，政策沟通为“一带一路”沿线国家和地区提供顶层设计与政策支持，设施联通推进了“一带一路”沿线国家和地区交通信息网络，贸易畅通为民心相通提供了交流载体，资金融通为“一带一路”沿线居民的支付结算提供了优惠和便利。因此，在“五通”发展的推动下，“一带一路”沿线国家和地区的文化交流将更加活跃。

人文交流是“一带一路”建设的重要组成部分，国内各省、市为了积极传承和弘扬丝路文化，与“一带一路”沿线国家和地区互结友好城市，为推进文化和旅游交流教育国际化奠定了坚实的基础。由于交通和地理位置限制，相较于沿海地区，我国的中西部地区未能充分地面向欧美发达国家进行文化交流。而“一带一路”倡议则很好地弥补了这一发展缺陷，强化了我国与外部世界文化交流相对薄弱地区的人文交流，为文化交流提供充足的动力，从而为我国对外文化交流的转型提供新机遇。

“一带一路”倡议已经覆盖亚洲、欧洲、非洲和拉丁美洲，涵盖了全世界74%的自然保护区和一半以上的文化遗产，具有丰富且差异明显的自然景观和文化旅游资源。与此同时，“一带一路”沿线地区还有大量的人口，在便利的签证和交通条件下，具有较大的旅游价值转化潜力。因此，在“一带一路”倡议的推进下，“一带一路”沿线国家和地区的旅游活力将再次被激发。

第二节 “一带一路”倡议面临的挑战

自2013年提出“一带一路”倡议以来，我国带领“一带一路”沿线国家和地区取得了丰硕的成果。但也应该看到，“一带一路”建设的过程中还存在一些不足，如规划衔接不够紧密、资金缺口较大、政府依赖严重、质量和效益有待提高等问题。随着新冠疫情肆虐、地缘政治风险加剧，一些“一带一路”沿线国家和地区出现了经济衰退和较大的政策调整，对“一带一路”倡议的继续推进提出了更多的挑战。

一、规划衔接不够紧密

“一带一路”倡议涉及众多的沿线国家和地区，涵盖政治、经济、科技文化等多个领域，是一个全方位、综合性的国际合作系统，对参与国家的要求相对较高。但“一带一路”倡议是我国基于现实的国内外背景所提出的中国方案，在前期的规划建设过程中，还处在“摸着石头过河”，边探索、边建设、边总结阶段，而对远景性、整体性和系统性的规划重视程度不够，实施细节也不够具体。随着“一带一路”倡议在沿线国家的推进，项目管理运营方面也出现了重复建设、恶性竞争、无序开发等一系列问题。如在柬埔寨、老挝、缅甸等国的投资过度集中于道路、地产、低端加工等方面，而在非洲则过度集中于资源开采、商贸批发等领域。随着合作的深入推进，各地区的定位模糊、布局失衡、产业链重复建设、价值链不足等因素对合作的进一步升级产生了负面影响。

此外，由于“一带一路”沿线国家和地区数量较多，前期的规划建设未能充分结合各地区的基本情况进行设计规划、项目落地，因此，存在合作项目与东道国社会经济发展规划对接不到位的情况，使得合作项目存在一定的风险。在以往的开发中，某些中资企业在东道国自发投资未能有效衔接当地的经济社会发展战略，产生冲突后项目往往被迫下马，造成了巨大的经济损失；也有因东道国政权更迭导致资源开发项目的中断而造成大量经济损失的情况。因此，在未来的“一带一路”建设过程中，一定要充分研究当地的社会经济以及政局趋势，与当地进行充分的沟通和协调，促进合作项目的顺利开展。

二、建设资金缺口较大

“一带一路”倡议的基础性工作是设施互通，而基础设施建设具有投资大、周期长的特点，如“六廊六路多国多港”项目建设，需要数万亿美元的投资。亚洲开发银行预测，到2030年，亚洲地区每年需要投入1.7万亿美元进行基础设施建设，而目前的资金实力只能满足每年8000多亿美元的投资规模。非洲发展银行的报告也显示，在非洲，每年需要基础建设投资的1300亿~1700亿美元中，能满足的不到1/3。在过去几年的“一带一路”建设中，大量的建设资金主要来自中国的国有金融、政策性金融机构以及国企投资，“一带一路”沿线国家和地区的政府金融机构和企业私人投资明显较少，一些国际性金融机构、国际性财团、第三方企业等参与度相对较低。

自“一带一路”倡议提出以来，中国企业每年在“一带一路”沿线的直接投资达到100多亿美元，与中国政策性金融机构融资共计约2000亿美元，但在大量基础设施落后的亚洲和非洲地区，依然存在大量的资金缺口。此外，在资金融通方面还存在融资渠道不够广、市场化程度低等问题，融资模式及监管模式也存在一定的漏洞。因此，“一带一路”倡议的持续推进还面临着补足资金缺口、拓展融资方式、创新融资模式和监管的重要挑战。

三、质量和效益有待提高

中国企业走出国门参与“一带一路”建设，需要面临与国内迥然不同的制度环境、法律环境、商业环境、文化环境及技术环境，在对国外制度、文化技术和商业规则不够了解而惯性地沿用国内规矩和方法的情况下，在东道主国家容易受到抵制。比如，2018年，马来西亚当局加大对国家投资基金的腐败调查，导致中国参与的约220亿美元的建设项目被其总理马哈蒂尔叫停。此外，很多走出国门的企业对品牌建设和国际知识产权维护意识不够，对东道国所在地的技术标准和规范做出的判断不够精准，输出的技术和产品不符合当地的监管要求。同时，一些中国独有的技术专利秘方未能及时在国外申请专利保护，也容易造成知识产权方面的损失。

出于政策性响应和引导，参与“一带一路”建设的大量政策性金融机构以及国企将资金投向了铁路、港口、电力、通信等基础设施建设领域，项目的建设周期长，回报周期长，投资大，风险大，一旦遇到东道主所在国的政权更迭以及社会经济环境变化，很容易造成大量的经济损失。

四、新冠疫情肆虐

进入2022年，国际形势依然复杂而紧张，新冠疫情肆虐的全球性局面并未得到根本性改变，反而愈演愈烈。新冠疫情使得很多国家的生产停滞，也减缓了我国对外交流的频次。面对新冠病毒的强大传播性和变异性，新冠疫情对社会经济的影响还存在较多的不确定性。

2021年6月，在“一带一路”亚太区域国际合作会议上，中方决定在向国际社会提供3.5亿剂新冠疫苗的基础上，继续加大疫苗的供应规模和速度，促进新冠疫苗在全球的公平分配，使得更多的“一带一路”沿线国家和地区可以并能够承担得起新冠疫苗。但面对不断变异的新冠病毒，依然有很多“一带一路”沿线国家和地区社会经济生活停摆，给后疫情时代的社会经济恢复建设和进一步的合作发展带来了新挑战。

作为全球合作的典型示范，“一带一路”建设给沿线国家和地区带来了更大的发展平台、更多的发展机遇和更好的发展前景。虽然在这一过程中也存在一系列问题，但究其原因无外乎以下几点：①传统发达国家为了维持自己的政治经济地位，深入“一带一路”沿线国家和地区横加阻挠。②“一带一路”倡议是一个创新探索的过程，需要不断地磨合，难免会出现制度衔接、利益分配、习俗融合等方面的问题，这些问题都可以在共商、共建、共享的发展中随着时间的流逝得到解决。③一些国家出于惯性的思维定式，对“一带一路”倡议进行肆意指责；或者由于国内的政局变化，为否定前任政府而否定“一带一路”倡议，给“一带一路”倡议的顺利推进带来了不利影响。

总体来看，“一带一路”倡议在沿线国家和地区取得了丰硕的成果，而所面对的困难和问题也并未对“一带一路”建设造成实质性影响，并且在持续的沟通协商过程中得到了有效的解决。“一带一路”倡议在百年未有之大变局中稳步推进，所获得的广泛支持、所取得的丰硕成果展现了“一带一路”倡议的光明前景。

五、地缘政治风险加剧

马来西亚、泰国等部分“一带一路”沿线国家的国内政治局势动荡和形势变化也阻碍着“一带一路”建设的深入推进。马来西亚国内政治形势不稳定，特别是在 2018 年 5 月马来西亚大选中，反对党击败国民阵线赢得了大选，对马来西亚的国内政治格局产生了很大影响。马来西亚国内动荡的政局形势会阻碍国内的经济发展，也不利于“一带一路”建设。泰国国内形势也不容乐观，政治局势的不稳定影响着社会经济的发展，很难为国外企业提供安全的发展环境，在一定程度上制约着“一带一路”建设的深入推进，在一定程度上不利于吸引外商企业投资，不利于“一带一路”建设。因此，部分沿线国家的国内形势变化是制约“一带一路”建设深度推进的挑战之一。

2022 年 2 月 24 日，俄罗斯对乌克兰的特别军事行动（以下简称俄乌战争）已经发生并将继续产生重大且深远的影响，对我国“一带一路”建设也提出了新的挑战。作为一个反对单边主义，致力于建立一个多极世界、多元化社会的大国，中国在面对“陆上丝绸之路”沿线国家的俄乌战争和“海上丝绸之路”沿线的中国台湾地区的问题时，将不可避免地与美国等产生政治、经济摩擦。

第三节　“一带一路”倡议的展望

“一带一路”倡议提出 10 年来，其发展理念受到了沿线国家和地区的广泛认可，在“五通”方面取得了丰硕的成果，展现出旺盛的生命力。展望未来，“一带一路”倡议将在经济、文化和政治领域产生深远的影响。

从经济格局来看，中国同“一带一路”沿线国家和地区的贸易将会更加畅通。在构建国内国际“双循环”的新发展格局下，国内外的要素市场和产品市场将得以贯通，货物贸易的数量和品类也将更加丰富，中国的能源、粮食和其他产业链安全将得到更好的保障。与此同时，中国的资本也将走向全球，推动世界范围内的基础设施建设。中国的技术贸易也将迈上新台阶，从以往的引进为主转变为引进和输出并重的格局。通过“一带一路”平台，中国将具有优势的基础设施建设、道路桥梁以及装备制造技术向世界范围内输出，同时，引进绿色农业等我国尚需突破的技术。在货物贸易、资本贸易和技术贸易推进过程中，逐步提高人民币的结算额度和比例，推动人民币与外币的互换项目，促进人民币的国际化进程。

从文化格局来看，“一带一路”建设前期在民心相通上取得了丰硕的成果。“一带一路”沿线国家和地区通过旅游、留学等文化交流来往密切，推动了文化的融合和传承。在此基础上，“一带一路”倡议也为中华文明提供了向世界范围内传播的渠道。中华文明中的古典文化、经济建设理论、生态文明建设理念等治国理政思想通过“一带一路”平台传播至全世界，中国用实际行动打破了对“一带一路”倡议的妖魔化和污蔑，让世界更加了解中国，扩大了中华文明的影响力，改变了世界范围内的文化格局。

从政治格局来看，“一带一路”倡议反对单边霸权主义，主张在共商、共建、共享的原则上构建起平等互利的国际治理体系。政策沟通是“一带一路”沿线国家和地区制度开放和衔接的开端，也是各国制定经济、文化等活动进行标准和规则的协商机制。相比现有的国际组织，“一带一路”倡议所倡导的国际秩序更加开放、平等和包容。随着社会经济的发展，“一带一路”在国际秩序的构建中影响力也会越来越大，从而改变国际治理新秩序。

面对百年未有之大变局，中国需要更加审慎地对待“一带一路”倡议所带来的机遇和挑战，坚持深化对内改革与对外开放相统一，根据社会经济新变化，及时地评估“一带一路”倡议的社会关注和实施效果，及时调整“一带一路”建设的重点与方向。

参考文献

[1] Arellano M, Bover O. Another look at the instrumental variables estimation of error components models [J]. Journal of Econometrics, 1995 (68): 29 -51.

[2] Arellano M, Bond S. Some tests of specification for panel data: Monte Carlo evidence and an application to employment equations [J]. Review of Economic Studies, 1991 (58): 277 -297.

[3] Askitas N, Zimmermann K F. Google econometrics and unemployment forecasting [J]. Applied Economics Quarterly, 2009, 2 (55): 107 -120.

[4] Blundell R, Bond S. Initial conditions and moment restrictions in dynamic panel data models [J]. Journal of Econometrics, 1998 (87): 115 -143.

[5] Cao X, Teng C, Zhang J. Impact of the Belt and Road Initiative on environmental quality in countries along the routes [J]. Chinese Journal of Population, Resources and Environment, 2021 (19): 2325 -4262.

[6] Du J, Zhang Y. Does One Belt One Road Initiative promote Chinese overseas directinvestment? [J]. China Economic Review, 2018 (47): 189 -205.

[7] Djankov S, Hendrix C S, Lawrence R Z, et al. China's Belt and Road Initiative: Motive, scope and challenges [EB/OL]. Peterson Institute for International Economics, (2016 -03 -16) [2022 -06 -11]. https://www.piie.com/publications/piie - briefings/chinas - belt - and - road - initiative - motives - scope - and - challenges.

[8] Jiang Q, Ma X, Wang Y. How does the one belt one road initiative affect the green economic growth? [J]. Energy Economics, 2021 (101): 105.

[9] Macintosh A, Gordon T, Renton A. Providing argument support for partic-

ipation [J]. Information Technology Politics, 2009 (10): 43 -59.

[10] Roodman D. A note on the theme of too many instruments [J]. Oxford Bulletin of Economics and Statistics, 2009 (71): 135 -158.

[11] Shin J, Hwang W S. Consumer preference and willingness to pay for a renewable fuel standard (RFS) policy: focusing on ex - ante market analysis and segmentation [J]. Energy Policy, 2017 (106): 32 -40.

[12] Sun Y, Lu Z, Bao Q. The Belt & Road Initiative and the public and private debts of participating countries: the role of China's economic policy uncertainty [J]. Structural Change and Economic Dynamics, 2022 (60): 179 -193.

[13] Wong A. More than peripheral: how provinces influence China's foreign policy [J]. The China Quarterly, 2018 (235): 735 -757.

[14] Wooldridge J M. Econometric Analysis of Cross Section and Panel Data [M]. Cambridge: MIT Press, 2002.

[15] Zhao Y, Shuai J, Yin S, et al. Exploring the co - competition mechanism of renewable energy trade between China and the 'Belt and Road' countries: a dynamic game approach [J]. Renewable Energy, 2022 (191): 998 -1008.

[16] 崔琪涌，张源，王胜. “一带一路”国际宏观经济政策协调：机制基础与中国角色 [J]. 经济学家，2020 (8): 49 -58.

[17] 戴翔，宋婕. “一带一路”有助于中国重构全球价值链吗？[J]. 世界经济研究，2019 (11): 108 -121, 136.

[18] 杜海涛，罗珊珊. 贸易畅通 硕果累累（“一带一路”建设成就）[N]. 人民日报，2021 -11 -28 (001).

[19] 冯妮，王大可. “反事实”倡议社会关注度时空特征分析——基于百度指数大数据的考察 [J]. 东南传播，2018 (1): 4 -7.

[20] 傅广宛，傅雨飞. 公民对公关政策制定过程关注度的若干影响因素研究——基于我国中部六省的量化分析 [J]. 江汉论坛，2006 (12): 63 -66.

[21] 傅广宛. 政策参与中的社会性别：关注、方法及分布 [J]. 中国行政管理，2016 (10): 100 -104.

[22] 共建"一带一路"倡议：进展、贡献与展望 [EB/OL]. 新华社，(2019 - 04 - 22) [2022 - 06 - 11]. http://www.mofcom.gov.cn/article/i/jyjl/e/201904/20190402855421.shtml. 姑丽娜尔·吾甫力，王媛，杨柳. "一带一路"与"中巴经济走廊"：喀什实施成效与传播成效调查研究 [J]. 文化遗产研究，2017 (2)：123 - 139.

[23] 郭爱君，朱瑜珂，钟方雷. "一带一路"倡议对我国沿线地区开放型经济发展水平的影响效应评估——基于"准自然实验"分析 [J]. 经济问题探索，2019 (9)：59 - 71.

[24] 郭朝先，徐枫. 新基建推进"一带一路"建设高质量发展研究 [J]. 西安交通大学学报（社会科学版），2020，40 (5)：1 - 10.

[25] 何娟文，李雪妃，陈俊宇. 我国货币政策对"一带一路"沿线国家的溢出效应研究——基于 16 个沿线国家的实证检验 [J]. 金融理论与实践，2021 (4)：12 - 19.

[26] 洪银兴. 完善产权制度和要素市场化配置机制研究 [J]. 中国工业经济，2018 (6)：5 - 14.

[27] 胡灵坊. 习近平新时代中国特色社会主义经济思想研究 [D]. 吉林：吉林大学，2021.

[28] 胡健，胡留所. "十三五"规划舆情分析及其对"十四五"规划编制的启示 [J]. 统计与信息论坛，2020，35 (12)：1 - 30.

[29] 冀钦，杨建平. "一带一路"倡议下中国能源合作研究态势的文献计量分析 [J]. 中国市场，2019 (35)：8 - 10.

[30] 李宝贵，张千聪. 面向"一带一路"的语言研究进展与前沿——基于文献计量学视角 [J]. 大连理工大学学报（社会科学版），2020，41 (2)：120 - 128.

[31] 李金叶，李春莹. 境外经贸合作区对"一带一路"沿线国家的经济效益研究 [J]. 商业经济研究，2020 (2)：147 - 151.

[32] 李秋蓉. 普洱市哈尼族对国家民族政策认同的调研过程 [J]. 中国民族博览，2017 (9)：72 - 75.

［33］李文溥，王燕武．“一带一路”建设与构建国内国际双循环的新发展格局［J］．经济研究参考，2021（4）：5－19.

［34］梁丽．基于空间计量模型的公众关注度对我国城市住房价格的影响研究［D］．北京：北京交通大学，2019.

［35］刘涛雄，徐晓飞．互联网搜索行为能帮助我们预测宏观经济吗？［J］．经济研究，2015，50（12）：68－83.

［36］刘玉飞，常晓坤．“一带一路”倡议与中国居民家庭消费结构升级——基于准自然实验的双重差分模型分析［J］．新疆财经，2021（4）：61－69.

［37］卢国学．推进中国—东盟更紧密命运共同体建设［J］．中国发展观察，2021（24）：49－52.

［38］吕江．后疫情时代全球能源治理重构：挑战、反思与“一带一路”选择［J］．中国软科学，2022（2）：1－10.

［39］吕炜，李晓伟．“反事实”沿线国家民生发展评估实证［J］．数量经济技术经济研究，2021（4）：20.

［40］吕越，陆毅，吴嵩博，等．“一带一路”倡议的对外投资促进效应——基于2005—2016年中国企业绿地投资的双重差分检验［J］．经济研究，2019，54（9）：187－202.

［41］伦晓波，刘颜．数字政府、数字经济与绿色技术创新［J］．山西财经大学学报，2022，44（4）：1－13.

［42］马德隆．“一带一路”交通基础设施投融资机制研究［J］．宏观经济管理，2020（10）：56－63.

［43］毛炎新，吴琼，张大伟，等．林业政策关注度及网络影响力研究报告［M］．北京：中国林业出版社，2018.

［44］孟天广，张小劲．大数据驱动与政府治理能力提升——理论框架与模式创新［J］．北京航空航天大学学报（社会科学版），2018，31（1）：18－25.

［45］孟天广，赵娟．大数据时代网络搜索行为与公共关注度：基于2011—2017年百度指数的动态分析［J］．学海，2019（3）：41－48.

［46］孟天广．政治科学视角下的大数据方法与因果推论［J］．政治学研

究，2018（3）：29－38.

［47］秦玥，吴亚平，王继民．中国政府网“一带一路”新闻话题挖掘分析［J］．图书情报工作，2019，63（15）：103－110.

［48］邱鹄，王华．我国“一带一路”研究述评——基于科学知识图谱的文献计量分析［J］．北京交通大学学报（社会科学版），2020，19（1）：51－63.

［49］曲甜，王艳．“一带一路”倡议官方话语解析与国际反响述评［J］．当代世界与社会主义，2019（6）：193－200.

［50］任保平．以更高水平的开放培育新发展阶段新优势［J］．人民论坛·学术前沿，2022（1）：28－33.

［51］任孟山，王琳．新闻传播学领域对“一带一路”倡议的研究——对2013—2019年新闻传播学CSSCI来源期刊的文献分析［J］．传媒，2020（6）：37－39.

［52］茹艳．“一带一路”纪录片之于来华留学生的传播效果研究［D］．武汉：中南民族大学，2018.

［53］盛来运，郑鑫，周平，等．我国经济发展南北差距扩大的原因分析［J］．管理世界，2018，34（9）：16－24.

［54］数字经济合作为共建“一带一路”增添动力［N］．人民日报，2022－05－06（17）.

［55］孙力．“一带一路”愿景下政策沟通的着力点［J］．新疆师范大学学报（哲学社会科学版），2016，37（3）：33－39.

［56］孙挺，徐长林．基于CiteSpace Ⅲ的“一带一路”研究文献的可视化分析［J］．图书情报工作，2015，59（S2）：135－137.

［57］田赐．美国主要智库对“一带一路”倡议的认知及其对中国的启示［J］．智库理论与实践，2020，5（5）：73－79.

［58］万秀丽，陈学琴．“四全媒体”框架下提升“一带一路”话语影响力研究［J］．对外传播，2020（2）：51－55.

［59］王继民，吴亚平，王一博，等．2014—2018年中英文期刊论文“一带一路”研究对比分析［J］．文献与数据学报，2019，1（1）：77－91.

[60] 王润珏，王夕冉. “一带一路”研究国际学术版图及热点可视化分析——基于 CiteSpace 软件和 WOS 数据库 [J]. 国际传播，2019 (6)：27－37.

[61] 王淑芳，周俊，孟广文，等. “一带一路”地缘经济的研究现状与热点——基于文献计量法和知识图谱分析 [J]. 经济地理，2020，40 (12)：1－11.

[62] 王双英，陈海宁，魏萍. 中国“一带一路”沿线城市能源消费影响因素研究——基于双向固定效应模型 [J]. 中国石油大学学报 (社会科学版)，2022，38 (2)：19－26.

[63] 王婷婷，韩满，王宇. 基于“21 世纪海上丝绸之路”文献的文本挖掘研究 [J]. 统计与信息论坛，2017，32 (11)：84－91.

[64] 王蔚蔚，邵培仁. “一带一路”新闻传播研究现状与突围 [J]. 中国出版，2019 (6)：43－47.

[65] 王智新. “一带一路”沿线国家数字贸易营商环境的统计测度 [J]. 统计与决策，2020，36 (19)：47－51.

[66] 吴杰伟. 菲律宾社会对中国“一带一路”倡议的反应 [J]. 南洋问题研究，2016 (4)：31－42.

[67] 席耀一，高鑫，王小明，等. 基于 ETM 模型的中亚国家“一带一路”网络舆情热点检测 [J]. 情报杂志，2020，39 (11)：82－89.

[68] 许宪春，雷泽坤，窦园园，等. 中国南北平衡发展差距研究——基于“中国平衡发展指数”的综合分析 [J]. 中国工业经济，2021 (2)：5－22.

[69] “一带一路”5 年贸易额超 5 万亿美元　共商共建共享行稳致远 [EB/OL]. 天津服务外包公共信息平台，(2018－08－29) [2022－06－11]. http://www.tj-fwwb.com/.

[70] “一带一路”建设工作领导小组. 共建“一带一路”倡议：进展、贡献和展望 [R]. 北京：国务院新闻办公室，2019.

[71] 陈东军，谢红彬，王彬. 我国“一带一路”战略研究现状梳理——基于 CiteSpace 分析 [J]. 海南师范大学学报 (自然科学版)，2017，30 (1)：73－82.

［72］杨明洪，巨栋，涂开均．“南北差距”：中国区域发展格局演化的事实、成因与政策响应［J］．经济理论与经济管理，2021，41（4）：97－112．

［73］尹华，胡南，谢庆．“一带一路”倡议的对外直接投资风险降低效应——基于中国制造业企业的研究［J］．国际商务，2019（3）：65－81．

［74］印度花20亿元租全球最空闲机场——马塔拉·拉贾帕克萨国际机场［EB/OL］．中研网，（2017－12－15）［2022－06－11］．http：//www.zhongyan.org．

［75］于洪君．“一带一路”：世界各国互利合作的新范式［J］．今日中国，2021，70（11）：52－54．

［76］余楚滨．公民参与公共政策制定的影响因素探究［D］．苏州：苏州大学，2018．

［77］喻国明，丁汉青．触屏上的社会认知及热点问题解析——基于百度指数的大数据分析［J］．人民论坛，2019（15）：110－113．

［78］张琦．“一带一路”背景下我国对外文化传播力的提升路径［J］．人民论坛·学术前沿，2019（24）：110－113．

［79］张若蓉．基于文献计量的学术论文载体特征分析——以“一带一路”与西藏研究领域数据实证分析为例［J］．产业与科技论坛，2019，18（21）：104－107．

［80］张维迎，林毅夫．政府的边界［M］．北京：民主与建设出版社，2017．

［81］张诣博．金融发展、FDI溢出与经济增长效率基于“一带一路”沿线国家的实证研究［D］．昆明：昆明理工大学，2021．

［82］张宇，蒋殿春．双边自由贸易协定是否降低了中国的对外投资壁垒？——基于三阶段DEA与PSM－DID模型的考察［J］．北京工商大学学报（社会科学版），2021，36（2）：10－24．

［83］张宇．“一带一路”倡议是否降低了中国出口的隐性壁垒？［J］．世界经济研究，2020（11）：3－14，135．

［84］张裕东，姚海棠，周家宇．“一带一路”背景下我国境外消费教育服务贸易存在问题及发展对策［J］．天津商业大学学报，2021，41（1）：64－72．

［85］张允，朱卉．基于百度指数下多媒体平台“一带一路”报道的政策性新闻受众关注度分析［J］．新闻知识，2015（6）：25－27．

［86］赵曙光．禀赋结构、比较优势与传统媒体转型——基于传统媒体与新媒体从业人员的调查数据分析［J］．新闻记者，2016（9）：51－57．

［87］赵忠旭，隋洪鑫，王佳兴，等．基于百度指数的土地流转网络关注度时空特征研究［J］．现代农业科技，2018（15）：280－284．

［88］周建军，于爱芝，李一丁．“反事实”倡议对中国双边贸易发展的影响［J］．中国流通经济，2020，34（7）：97－109．

后　记

本书是中国（西安）丝绸之路研究院“丝绸之路沿线省份对“一带一路”倡议的关注度和执行度研究”（2016SDZ03）的直接研究成果。

项目研究过程中，胡健拟定了项目的研究工作计划，王命宇进行了文献和数据资料的搜集整理，项目组成员进行了认真的理论研讨和广泛的实地调研。在此基础上，胡健起草了本书的写作大纲，并撰写了前言和第一章，胡留所撰写了第二章到第七章。初稿完成后，经项目组集体讨论，各位执笔人根据集体讨论意见对文稿进行了修改，最后由胡健对全稿进行修改、定稿。

本项目得到了西安财经大学科研处、中国（西安）丝绸之路研究院、西安财经大学陕西省哲学社会科学重点研究基地——西部能源经济与区域发展协同创新研究中心的大力支持，在此一并致谢。

胡　健

2022 年 6 月